PHP
Business Shinsho

【新書版】海外経験ゼロでも仕事が忙しくても

「英語は1年」でマスターできる

Takenobu Miki
三木　雄信

PHPビジネス新書

この作品は、二〇一四年十一月にPHP研究所より刊行された『海外経験ゼロでも仕事が忙しくても「英語は1年」でマスターできる』を一部加筆・修正のうえ、新書化したものです。

はじめに

海外経験ゼロ。社会人になってから英語を勉強したのはわずか一年だけ

皆さんは、普段の仕事で英語を使う機会がどれくらいあるでしょうか？

私の場合は、ほぼ毎日です。

ここで簡単に自己紹介をさせていただくと、私はソフトバンクの社長室長として孫正義氏のもとで働き、現在は自ら立ち上げた会社で、主にロボットやタブレットなどのＩＴを活用した教育ビジネスを手がけている者です。

私の会社にはネイティブの社員がいますので、社内での会議やミーティングは当然ながら英語で行っています。

また、外国の企業と取引することもよくありますが、その場合も通訳はつけず自ら交渉をします。例えば、「ウォール・ストリート・ジャーナル（ＷＳＪ）」と共同で英語学習アプリを開発した時は、香港にあるＷＳＪのアジア本社と私が直接やりとりしてプロジェク

トを進めました。

海外のメディアから取材を受けることもあります。イギリスの「フィナンシャル・タイムズ」から孫社長の最近の活動についてコメントを求められた時は、英語での電話インタビューに答えました。

また、政府関連のプロジェクトで委員やアドバイザーを務めることもあり、そうした時は海外の専門家や識者を招いた会議に出席し、英語でディスカッションすることがよくあります。

そんな毎日を送っているので、日本で働いていながら、英語をひと言も話さなかったという日はほとんどなくなってしまいました。

そして今の私は、英語でコミュニケーションする時に、言葉が出なくて困ったりすることはたまにあっても、交渉やプレゼンで失敗したりすることはまずありません。

そんな私を見た人たちから、「**どうやって英語をマスターしたんですか？**」とよく質問されます。

「海外留学の経験があるんですか？」

「もしかして帰国子女ですか？」

「それとも、長年コツコツと勉強を続けてきたの？」

「ひょっとしてＩＱ二〇〇の天才で、勉強しなくても英語ができるようになったとか？」

……などと皆さん私を買いかぶってくださいますが、その答えはすべてノーです。

海外留学の経験は、短期も含めて一切なし。まともに英会話を勉強したのは、ソフトバンクに転職してからのわずか一年だけです。

知力も体力も気力も人並み。しかも超ドメスティック人間

それ以前は、英語とはまったく無縁の生活を送っていました。

何しろ私は九州の田舎で育った人間で、生まれてからずっと外国人を見たことがありませんでした。初めて間近で外国人を目にしたのは、高校生になって福岡へ遊びに行った時。街中に外国人がいるのを見て、友人たちと「ガイジンがおるばい！」と大騒ぎしたのを覚えています。

当然、普段の生活で英語を使う機会など皆無。中学や高校でも英語が得意だったわけで

はありません。とくにヒアリングやスピーキングには苦手意識が強く、受験勉強の時は「時間の投資効率が悪い」という理由でいっさい捨てていました。

　就職する時も完全な国内志向で、日本の伝統的な企業である三菱地所を選びました。外資系企業に入ろうとか、商社マンになって世界を飛び回りたいなんて、考えもしませんでした。私はそれくらい**海外や英語とは無縁の人間だった**のです。


　一方で、努力が好きなタイプでもなければ、コツコツと地道な学習を続けられるほど意志の強い人間でもありません。どちらかと言えば面倒くさがりで、わざわざ社会人になってまで英語の勉強などしたくはないと思っていたくらいです。

　念のためにお伝えしておきますが、私は天才でもありません。

　以前、無料でＩＱを調べてくれるサイトを見つけたので、軽い気持ちでテストを受けてみたら、出てきた数値は自分の予想をはるかに下回るものでした。一緒に受けた会社の部下たちのほうがよっぽど高かったので、上司の私は面目丸つぶれです。

　結局、ＩＱはいくつだったのか？　それは恥ずかしいので、どうぞ聞かないでやってください……。いずれにせよ、私はどこにでもいる凡人の一人だということです。

そんな私でも、わずか一年の学習で、外国人と通訳なしで交渉をし、絶対に負けないだけの英語力を身につけることができました（しかも英語を勉強したのは、孫正義社長のもとで馬車馬のように働いていた時期です）。

それには、いくつかの秘訣があります。

本書では、私の実体験をもとに編み出した「最短最速の英語勉強法」を皆さんにご紹介したいと思います。

唖然とする孫正義社長。「このままではクビになる……」

これほどドメスティックな人間だった私が、なぜ英語を勉強することになったのか。

それは、何気ないひと言がきっかけでした。

私は二十代半ばで、縁あってソフトバンクへ転職しました。

入社にあたって孫社長の面接を受けた時、私はこう聞かれました。

「三木君、英語はできるか？」

そのとき私はつい、こう答えてしまったのです。

「日常会話くらいなら……」

これが自分の首を絞めることになろうとは、この時は夢にも思いませんでした。

ところが、初めて孫社長の海外出張に同行した時のことです。

孫社長から、ミーティングに同席するよう命じられたのです。日本にいる時も、会議にはすべて同席して議事録をとるのが私の役目でしたから、海外でも同じように仕事をしろということだったのでしょう。

しかし、当時の私は英語がまったくしゃべれません。

しゃべれないどころか、聞き取ることさえできません。ミーティングの内容は完全に意味不明でした。

その時はYahoo!のビジネスに関するミーティングだったので、相手側には創業者のジェリー・ヤンや初代CEOのティム・クーグルなど、伝説級のそうそうたる顔ぶれが並んでいました。それなのに、私はひと言も発することができなかったのです。

私があまりに黙っているのを見かねて、ティム・クーグルが「こいつは何なんだ？　恐るべき男だな！」という同情だか軽蔑だかわからない言葉をかけてくれたのだけはなんとなく理解できて、私は恥ずかしさで意識が遠のきかけました。

おそるおそる横目で隣を見ると、孫社長が唖然《あぜん》とした表情で私を見ています。**英語ができないことがものの見事に露呈してしまった**のです。

「しまった、このままではクビになる……」

直感的にそう思いました。とはいえ、入社したばかりなので「英語を特訓したいので、しばらく会社を休んで留学させてほしい」などと言える立場でもありません。

私は途方に暮れてしまいました。

孫社長が話す英語も決して流暢ではなかった

ただ、私にとって不幸中の幸いだったのは、当時のソフトバンクには「入社してから勉強して英語を使えるようになった」という先輩たちが何人もいたことでした。

海外留学経験はなく、ソフトバンクに入る前はとくに英語を勉強したことがなかったという人ばかりです。ヤフー株式会社の社長だった井上雅博氏や、現在ソフトバンクの副社長を務める宮内謙氏も、中途入社してから英語が話せるようになったと聞いています。

それでも私が入社した当時は、すでにお二人は英語を使って外国人と仕事をしていました。ジェリー・ヤンとの交渉に井上氏が同席して、お世辞にも上手とは言えない英語で堂々とコミュニケーションする姿を私も実際に見ています。

それまで私は「社会人になってから英語を勉強しても遅いのではないか」と考えていましたが、そんな先輩たちを見て、自分も頑張ればなんとかなるかもしれないと希望を持ち始めました。

そして何より心強かったのは、実は孫社長の英語もそれほど流暢ではなかったことです。

外国人との交渉や会議の場にたびたび同席して気づいたのは、孫社長の英語は聞き取りやすいということでした。ネイティブの英語がまったく聞き取れない私がそう感じるということは、かなり日本語なまりがあるということです。

注意して聞いていると、使う表現も限られているし、話すスピードもネイティブに比べればゆっくりです。それでも海外企業の大物たちを相手に一歩も引くことなく交渉し、最後は必ず相手を説得していました。

これらの経験を通じて、私はビジネス英語とは次のようなものだと理解しました。

①流暢に話せる必要はない
②限られた表現を覚えればいい

これなら英語が苦手な自分でもできるかもしれない――。そう考えた私は、英語の勉強を始めることにしました。

勉強開始にあたって決めたのは、「交渉で負けない英語力を一年で絶対に身につけること」ということです。これを必達目標にしたのは、孫社長が交渉相手と大枠の条件を決定した後に、細部を詰めるのが私の仕事だったからです。また、会社が待ってくれるギリギリのラインが一年だろうと考え、それを自分で期限に設定しました。

ただ当時は、孫社長のもとで日本債券信用銀行（現・あおぞら銀行）の買収やナスダック・ジャパンの立ち上げといった大型プロジェクトをいくつも抱えていた時期だったので、仕事は超多忙でした。日付が変わってから帰宅して、さらに自宅でも持ち帰った仕事をこなすという日が珍しくありませんでした。

そんな日々の中では、一分一秒たりとも時間を無駄にできません。なんとかして最短最速で英語をマスターできないか、私は必死に知恵を絞りました。

そして「**目標を達成するために必要のない勉強はしない**」と割り切ることにしたので

す。というより、そうするよりほかに選択肢がなかったというのが正しいでしょう。なにしろ一年後に英語で交渉ができるようにならなければ、孫社長に見限られてしまうのは確実でしたから。

凡人を自認する私が、クビになりたくない一心で考え抜いた結果、生まれたのが、本書でご紹介する「最短最速の英語勉強法」だったのです。

英語をマスターしたことで、人生の可能性が劇的に広がった

孫社長はあまり人を褒めないので、英語が話せるようになったからといって、何か特別に声をかけてもらったことはありません。

ただ、孫社長の私を見る目がちょっと変わったなと感じたことならあります。

当時、外国から来客があると、私がアテンドを任されていました。

ある時、ホテルで開かれたカンファレンスの席で、私がゲストに当日のスケジュールや会場の案内を英語で話していたら、孫社長がこちらをじろりと見たのに気づきました。

いつも近くにいたのでわかりますが、あれは「なかなかやるじゃないか」とびっくりし

た時に孫社長がする表情です。その時に私は「孫社長に認めてもらえたんだな」と思い、英語の仕事に自信を持つようになりました。

さらに自信をつけたのは、ナスダック・ジャパンの開設に際してのプレゼンを英語でやり遂げた時です。二〇〇人近い海外の金融関係者を前にして、英語で話すなんてわずか一年前には想像もつきませんでしたが、約三十分のプレゼンを滞りなく終えた時、私は大きな達成感を得ることができました。

こうして英語をマスターしたことで、私ができる仕事の範囲は格段に広がりました。

冒頭でお話ししたように、海外の企業と共同で新商品を開発したり、「フィナンシャル・タイムズ」のインタビューを受けたりするなんて、英語の勉強を始める前の自分からすれば信じられないことです。

孫社長に同行してシリコンバレーへ行ったときの１枚（写真左が著者）。激務をこなしながらの勉強は大変だったが、英語は仕事の幅を大きく広げてくれた。

でも、それが今、現実となっています。英語を身につけたことでさまざまなチャンスが舞い込むようになり、その結果、私の人生の可能性は驚くほど広がったのです。

先ほど述べたように、私も英語については完全な落ちこぼれでした。

それでもしっかりとした目的＝ゴールを持ち、効率的に勉強すれば、一年で使える英語をマスターできたのです。

そこで本書では、私が実践した勉強法を皆さんに包み隠さずご紹介します。

これを実践していただければ、どんなに忙しい社会人の方でも、わずか一年の勉強で「使える英語」をマスターすることができます。

一年後には「英語を使える自分」になっているのです。ワクワクしてきませんか？

勉強も努力も嫌いな私ができたのですから、皆さんならきっと大丈夫です。

「英語を勉強したいけれど、もともと語学は得意ではないし、忙しくて時間がない」

そんな人にこそ、ぜひこの本を手にとっていただきたいと思います。

一人でも多くの方が、人生の可能性を広げてくれたらと願ってやみません。

本書の構成

第1章
いくら勉強しても英語が身につかない人が多い理由と、英語学習者が陥りがちな「間違った勉強法」について解説します。

第2章
時間のない社会人が一年で英語をマスターするために、「勉強すべきこと」と「勉強しなくていいこと」の見極め方を紹介します。

第3章
仕事の忙しい社会人がどのように勉強時間を確保し、モチベーションを維持するか、そのコツやテクニックを説明します。

第4章
ヒアリングやスピーキング、ライティングなどのジャンル別に、具体的な英語のトレーニング法を紹介します。

第5章
英語をマスターするまでの間、まだつたない英語でも毎日の仕事を何とか乗り切るために私が編み出した「一夜漬け学習法」をお教えします。

CONTENTS

第1章

1年でマスターできる人、いくら勉強してもマスターできない人

社会人の英語学習における7つの間違い

第2章

こうすれば、1年でマスターできる！①
戦略編

何を勉強し、何を勉強しないか

第3章

こうすれば、1年でマスターできる！②

戦術編

モチベーション維持と習慣化のコツ

第4章

学習ジャンル別・最短最速のトレーニング法

教材・スクール選びからIT活用まで

第5章

1年も待ってもらえない人のための英語仕事術

明日の仕事を乗り切る「一夜漬け」勉強法

編集協力　塚田有香

CHAPTER.1

第1章

1年でマスターできる人、いくら勉強してもマスターできない人

社会人の英語学習における7つの間違い

日本には、「長年勉強しているのに英語がものにならない」という〝英語学習難民〟があふれています。

書店に行けば英語の本がずらりと並び、街を歩けば英会話学校の看板をあちこちで見かけます。それだけ多くの人が、一生懸命に英語を学んでいるということです。

とくに仕事を持つ社会人の場合、限られた時間をやりくりしつつ、時には疲れや眠気と闘いながら学習をしなくてはいけないので本当に大変です。私も非常に仕事が忙しい時期に英語を勉強したので、その苦労はよくわかります。

だからこそ、せっかく時間と労力をかけて勉強したのに、「使える英語」が身につかない人がいるのは、とてももったいないと感じるのです。

これだけ勉強しても英語をマスターできないのは、多くの日本人が英語学習について誤った思い込みをしているからです。それに気づかない限り、いくら勉強しても英語をものにすることはできないでしょう。そこでこの章では、英語学習において多くの人がやりがちな「七つの間違い」について解説します。

一年で英語をマスターできる人と英語学習難民は、どこが違うのか――。

まずはその点をはっきりさせてみたいと思います。

あなたも
やっていませんか!?

POINTS OF CHAPTER.1

英語が身につかない7つの原因

間違い 01 英語を勉強する目的があいまい

間違い 02 「ビジネス英語は日常会話より難しい」と思っている

間違い 03 いろいろな教材をつまみ食いしすぎる

間違い 04 インプットばかりで、アウトプットの練習が不足

間違い 05 「正しい英語で話す」ことを目標にしている

間違い 06 「海外留学しないとマスターできない」と思っている

間違い 07 「長期間勉強しないとマスターできない」と思っている

間違い01

英語を勉強する目的があいまい

いくら勉強しても英語がものにならないという人に欠けているのが、「英語を勉強する目的を明確にする」ということです。

「いやいや、『仕事で英語を使えるようになる』という目的がありますよ」と思うかもしれませんね。

でも、それではあまりにも漠然としすぎています。

仕事で英語を使うといっても、大勢の前でプレゼンをしたいのか、英語で会議を仕切りたいのか、海外のお客さんと電話やメールでやりとりがしたいのか。**その人の仕事内容によって求められる〝英語〟は千差万別**です。

なかには、「今すぐ仕事では使わないが、昇進のためにTOEICで七〇〇点以上をとらなくてはいけない」という人もいるでしょう。

「海外旅行で英語を使いたい」という人も、ツアーの自由時間に食事や買い物ができればいいのか、それとも一人で世界一周ができるようになりたいのかで、必要な英語は大きく違ってきます。

人によって目指すゴールがこれだけバラバラなのですから、**ただ「英語をマスターしたい」というような漠然とした目標では、最適な勉強法を見つけられません**し、モチベーションも維持できないでしょう。

まず「英語をマスターしてどうしたいのか」という具体的な目標を立てましょう。漠然とした夢ではなく、「英語で○○の会議を仕切りたい」といった目標を叶えた自分を具体的にイメージできるものがベストです。

こうして具体的に「英語を使って何がしたいのか」をイメージし、目的を明確化して初めて、英語学習において「やるべきこと」と「やらなくていいこと」が見えてきます。

普通の人間は、体力も知力も使える時間も限られています。

私だってもちろん同じです。

だからこそ、自分にとって本当に必要な学習にだけ集中しないと、目的を達成するのは難しい。実際に一年で英語をマスターした人間として、これだけは断言できます。

前述の通り、私の場合は「英語でビジネスの交渉ができるようになること」が目的でした。切羽詰まっていただけに、最初から目的がはっきりしていたのは幸いだったと思います。

そこで私は、交渉の場面でよく使われる言い回しをまとめたテキストを探し出し、その一冊だけを徹底的に繰り返して勉強しました（第四章の一六〇ページ参照）。

ここに出てくる以外の単語を覚えて語彙を増やそうとか、一から文法をおさらいしようとは考えませんでした。

とにかく少しでも速く英語をマスターしないと、仕事をクビになるという危機に直面していたので、それ以上のことを勉強する余裕がなかったというのが正しいかもしれません。

いずれにしても、この戦略は間違っていませんでした。

私が**一年で英語を使えるようになったのは、「目的につながらない学習は捨てる」と割り切ったから**こそだと思います。

なかなか英語が身につかないという人は、学んでいるうちに手段が目的化してしまうのかもしれません。

目的は「英語を使って何をするか」であって、英語を学ぶことそのものではないはずです。

通勤電車の中で英語の教材を聞いたり、英会話学校に通ったりする行為はあくまで手段であって、それ自体が目的化してしまうのはとても危険です。その学習を実践するだけで満足してしまい、いつまで経っても「英語で交渉する」といった目的に辿《たど》り着けないまま終わってしまうかもしれないのです。

「英語学習の先にある本当の目的を見失ってはいないだろうか？」

英語がなかなかモノにならないという人は、まずはそのことを自分に問いかけてみてほしいと思います。

間違い 02

「ビジネス英語は日常会話より難しい」と思っている

「英語はできますか？」

「日常会話くらいなら……」

私がソフトバンクの転職面接で孫社長と交わしたのとまったく同じ会話を、皆さんも誰かとしたことがあるのではないでしょうか。

この場合、「ビジネスで使えるほどではないけれど、ごく簡単な英語くらいなら話せます」という意味で「日常会話」という言葉が使われるのだと思います。

でも実は、ここに大きな誤解があります。

なぜなら、**日常会話の英語のほうが実はビジネス英語よりも難しい**からです。

ビジネス英語は、使う目的もシチュエーションもはっきりしています。

プレゼンをしたいならプレゼン用の言い回しを、交渉をしたいなら交渉用の言い回しを覚えればいい。プレゼンや交渉で話すべきことも事前にある程度はわかっているので、必要な単語や表現は丸暗記しておくこともできます。もし暗記ができなくても、〝あんちょこ〟を作っておけばまず問題ありません。

つまり、ビジネス英語は話すことが限られているので、そのための勉強も簡単なのです。

相手から質問されたとしても、プレゼンや交渉のテーマから大きく外れたことを聞かれる可能性は低いので、たいていの場合は丸暗記した内容で対応できます。

いきなりわけのわからない質問をされて、あたふたすることもないわけです。

ところが日常会話は、それこそ「日常すべて」が会話のテーマになります。

天気のことから家族のこと、スポーツや趣味のことまで、どんな話題が飛び出すかわかりません。そのすべてに対応するのは、よほどの英語力がある人でないと難しいはずです。

私自身、**どんなにハードな交渉よりも、仕事が終わった後のパーティーで繰り広げられる会話、いわゆる〝スモールトーク〟のほうが苦手**でした。

というより、今でも得意ではありません。

ビジネス交渉の場であれば何を聞かれても動じない自信がありますが、接待でネイティブを日本料理店に連れていった時に、「この魚は何?」「どうやって調理しているの?」などと聞かれると、途端にしどろもどろになってしまいます。

それでも、私の英語学習の目的は「英語でビジネス交渉ができること」でしたから、まずはそのための勉強に集中しようと決めました。交渉の本番さえ乗り切れば、その後のパーティーで無口になったとしても、交渉の結果が覆るわけではありません。

「まずは日常会話から」という思い込みは、大きな落とし穴になります。

もう一度言いますが、「日常会話=簡単な英語」ではありません。

日常会話をマスターしようと思ったら、さまざまなジャンルの単語を覚え、どんな話題が飛んできても即答できるだけの高度なヒアリング力とスピーキング力を身につけなくてはいけないのです。それは時間のない社会人には現実的な目標ではありません。

日常会話はひとまず置いておいて、学ぶべき範囲が限定されているビジネス英語を勉強する。これも、社会人が「使える英語」を一年で身につけるための鉄則です。

間違い
03
いろいろな教材をつまみ食いしすぎる

私の知人に、長年、熱心に英語を学んでいる人がいます。

ありとあらゆる教材を試し、書店に並ぶ英語関連の書籍は片っ端から買っているそうで、「これまでに読んだ英語の本は一〇〇冊を超える」と胸を張っていました。

ところが残念なことに、彼はいまだに仕事で英語を使えるようにはなっていません。私も彼の努力が報われてほしいと望んではいるのですが……。

この知人と同じように、あれもこれもとさまざまな教材に手を出す人は少なくないと思います。受験勉強の時は「問題集やテキストはできるだけたくさんやるほうがいい」と教え込まれてきましたから、無理もないのかもしれません。

しかしそれこそが「使える英語」がものにならない理由だと言ったら、皆さんは驚くでしょうか。

あれもこれも手をつけるのは、野球もゴルフもサッカーもやるようなもので、結局どれも身にならないのです。

おそらく、あれこれ手を出してしまうのは不安だからなのだと思います。

「このテキストにないフレーズが会話で出てきたらどうしよう」

「もっと確実に上達する方法があるんじゃないか」

そんな思いから、ついいろいろな教材をつまみ食いしてしまうのでしょう。私もまったく話せないところから英語を学び始めた身なので、その気持ちはよくわかります。

でも、つまみ食いはしょせんつまみ食いです。中途半端にかじったところで、その料理の味や香りを本当に理解することはできません。

そもそも、ひとつの教材をマスターするのは、そう簡単ではありません。

テキストに載っているフレーズが必要な場面でパッと口から出てくるようになるには、何度も繰り返し口に出す練習をしなければいけません。ヒアリング教材にしても、暗誦《あんしょう》できるほどに聞き込まないと、英語特有の音やリズムを体で覚えることはできないのです（第四章の一五六ページ参照）。

ちなみに**私が使ったテキストは、英語の交渉の時に使われるフレーズをまとめた薄い本一冊のみ。**ヒアリング教材は、映画『ウォール街』だけです。

ある程度の英語力がついた段階で副読本として参考にしたものはありますが、基本的には毎日この二つだけを徹底的に勉強し続けました。それでも一年後には、ビジネスの交渉では絶対に負けないだけの英語力を身につけることができたのです。

だから皆さんの不安は重々理解した上で、あえてアドバイスさせてください。

使える英語をマスターしたければ、勉強する教材やテキストを思い切って絞り込むこと、そしてそこに自分のエネルギーやモチベーションをすべて注いで、完璧にマスターするまで繰り返し学習すること。このほうが、教材のつまみ食いをするよりも圧倒的に早く英語をものにできるということを、ぜひ知ってもらいたいのです。

（徹底的に絞り込むので、教材・テキストに何を選ぶかは非常に重要です。その選び方のコツも、第四章で詳しく解説します）

間違い
04
インプットばかりで、アウトプットの練習が不足

英語を勉強している日本人の多くは、インプットにとても熱心です。単語やイディオムをたくさん覚え、文法をおさらいし、辞書をひきながら英字新聞や洋書を読み、多種多様なヒアリング教材に取り組む……。

でも、それほど一生懸命にインプットをしても、「使える英語」を身につける人がほとんどいないのはなぜでしょうか。


それは、アウトプットの練習が圧倒的に不足しているからです。

英語のアウトプットとは、頭の中にある英語を素早く組み合わせて外へ出すことです。

いくら頭の中に難しい単語がたくさん入っていても、自分が言いたいことに合わせて必要なものをサッと引き出せなければ、当然ながら英語を使えるようにはなりません。

皆さんも、「どうしてこんなに簡単な言い回しが出てこなかったんだろう？」と悔しい

思いをした経験があるかもしれません。いざ英語を話そうとすると言葉が出てこないのは、アウトプットのトレーニングが足りていないからです。

英語のアウトプット力は筋力と同じで、意識的に鍛えないかぎり向上しません（その具体的かつ超効果的なトレーニング方法を、第四章で紹介します）。

当たり前のことなのですが、このことに気づいていない学習者が意外と多いのです。「英語を聞き流しているうちに自然と話せるようになる」といった宣伝文句の英語教材もありますが、そんなことは絶対に起こらないと確信を持って言えます。

私が英語を勉強して強く実感したのは、「インプットとアウトプットをバランスよく実践しないと、英語を話せるようにはならない」ということでした。

ところが、**日本人の英語学習者の大半は、「インプット過多、アウトプット不足」**に陥っています。

もともと日本人は、学生時代にそれなりのインプットをしています。高校や大学を受験した人なら、その時期にかなりの単語や文型を頭に詰め込んだはずです。もちろん大人になって忘れてしまったものもあると思いますが、読めばなんとなく意味がわかるというくらいのインプットは、すでにある人がほとんどではないでしょうか。むやみやたらとインプットの量を増やす必要など本当はないのです。それなのに、まるで修行僧のようにインプットを続けている人が多いのはなぜでしょうか。それには大きく二つの理由が考えられます。

〝アウトプットなしのインプット〟には意味がない

ひとつは、「**インプットはやりやすく、アウトプットはやりづらい**」ということです。インプットなら、いつでもどこでも一人でできます。テキストを開いたり、ヒアリング教材を聞いたりするなら、通勤電車の中や会社の昼休みでもできるでしょう。ところがアウトプットの練習は、基本的に相手がいないとできませんから、いつでもどこでもできるものではありません。だから、つい後回しになってしまうのだと思います。でも、本当はだからこそ、最優先でアウトプットの機会を確保しなければいけないのです。

学習計画を立てたりスケジュールを組んだりする時も、「まずアウトプットのトレーニングの予定を確保し、それに合わせてインプットの予定を組む」という順番が非常に重要です（その具体的な方法については、第三章で詳しく述べます）。

アウトプットが不足してしまうもうひとつの理由は、多くの日本人が「もっとうまく話せるようになってからしゃべろう」と考えていることです。

「下手な英語をしゃべるのは恥ずかしい」という気持ちはよくわかります。

でも、どんどんしゃべる練習をしない限り、永遠に英語を話せるようにはなりません。むしろ、下手だからこそアウトプットをしまくるべきなのです。

これまでの**「マスターしたら実践**（**＝アウトプット**）**」ではなく、「実践しながらマスター」**という意識をぜひ持ってください。

一年の学習期間が終わるのを待つ必要はありません。仕事などでアウトプットの機会があれば、下手な英語でもどんどん使っていきましょう。

私自身の学習期間を振り返っても、まさに「下手な英語を必死にアウトプットしながらマスターしていく」という毎日でした。

どんなに仕事が忙しくても、平日の早朝は毎日欠かさず英会話学校に通い、同じクラスの人たちやネイティブの講師と会話をしました。

仕事でも、英語を使えるとはとても言えない状態の時から英語が必要な場面が出てきたので、「一夜漬け」で翌日の交渉やミーティングの準備をし、つたない英語ながらも通訳をつけずになんとか自分一人で乗り切っていました（「一夜漬け」のやり方については、第五章で詳しく解説します）。

どれだけ冷や汗をかいたかわかりません。

でも、「明日は英語をしゃべらなくてはいけない＝アウトプットしなければいけない」と思うと、インプットへの集中力・記憶力が格段に高まるのです。その結果、短期間で効率的に英語を上達させていくことができました。

だからこそ、〝アウトプットなしのインプット〟には意味がないと断言できます。

「**アウトプットがあってこそ、インプットが活きる**」ということも、ぜひ皆さんにお伝えしておきたいと思います。

間違い 05
「正しい英語で話す」ことを目標にしている

前項でも述べた通り、日本人は「もっと英語がうまくなってから話そう」と考えがちです。その裏には、「人前で下手な英語を話すなんて恥ずかしい」という気持ちがあるのでしょう。

とくにビジネスの場では、「発音も文法も完璧に正しくなければ通用しない」と思っている人が多いようです。かくいう私も、英語の勉強を始める前は同じように考えていた一人でした。

以前の私を含め、日本人は語学に対して「できるか／できないか」というオール・オア・ナッシングの考え方を持っているように感じます。

日本語がつたない外国人に会うと、なんとなく警戒したり、「きっと会話が成立しないだろう」とコミュニケーションをあきらめたりしがちなのも、そのためでしょう。

「語学ができる＝一〇〇％完璧に話せる」というのが、この国では大前提になっているようです。

ところが、英語ネイティブは語学に対してまったく違う考えを持っています。

例えばアメリカのような移民社会では、英語をまったく話せない人から、片言程度なら話せる人、ペラペラに話せる人まで、あらゆる語学レベルの人が共存しています。

アメリカへ行った時に、移民が多い職業とされるタクシー運転手と話してみると、人によって英語力に大きな差があることを実感できます。

こうして多様な英語レベルの人と日常的にコミュニケーションしているアメリカ人は、相手が話す英語がネイティブ並みであることなど、最初から期待していません。

発音や言い回しがつたなくても、意思の疎通さえできれば何の問題もないからです。たとえ「Yes」「No」しか話せないタクシー運転手でも、行き先を書いたメモを渡して、目的地まで無事に辿り着ければノープロブレム。それが一般的なアメリカ人の考え方です。

また、**世界で英語を話す人の大半は「非ネイティブ」**です。

『ハーバード・ビジネス・レビュー』の記事によると、世界人口の約七〇億人のうち、英

英語を話す人の8割は「非ネイティブ」

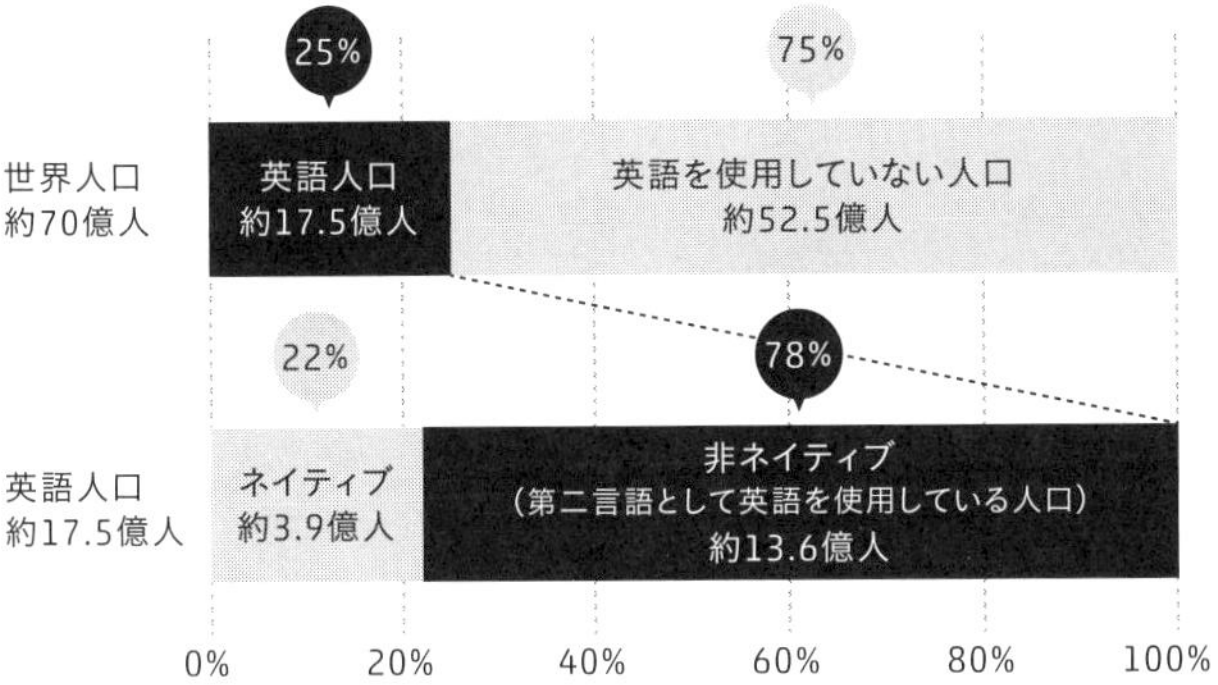

出典：『ハーバード・ビジネス・レビュー』（2012年10月号）の記事をもとに作成

語を話すのは約一七・五億人。全体の二五％に当たります。

さらに、そのうち第一言語として英語を使っているいわゆる「ネイティブ」は約三・九億人で、英語を話す人のわずか二二％。その他の約一三・六億人（七八％）は、第二言語として英語を学んだ非ネイティブなのです。

つまり、皆さんが英語でコミュニケーションをとる相手は、八割近くが非ネイティブということ。

ネイティブですら正しい英語やきれいな英語を期待していないのですから、非ネイティブ同士の会話ではそんなことを気にする必要はまったくありません。

話す速度が遅くても、語彙が少なくても大丈夫

「そうは言っても、やっぱりビジネスシーンではネイティブ並みに話せないとダメなんでしょ？」と半信半疑の人に、おすすめの動画があります。

こちらのYouTube動画で、孫正義社長がジョン・ルース前駐日大使と対談した時のスピーチを聞くことができますので、実際に自分の耳で確かめてみてください。

https://www.youtube.com/watch?v=4VHPcLShEio

聞けばすぐにわかりますが、**孫社長は日本人にとって非常に聞き取りやすい英語を話しています。**ヒアリングが苦手な人でもわかる単語やフレーズがたくさん出てくるでしょう。

それは要するに、日本語なまりが強い英語だということです。

話すスピードもかなりゆっくりです。

私が調べたところ、一分間あたり約一〇〇語程度でした。これは、アメリカ人のお母さんが子どもに話しかけるのと同じくらいのスピードです。

大人同士の日常会話なら一分間に一六〇～一八〇語、テレビのアナウンサーは二〇〇～二五〇語が一般的なスピードとされているので、孫社長はネイティブに比べて随分ゆっくり話していることがわかります。

語彙も多くはありませんし、難しい単語も使っていません。

英語の辞書を発行するオックスフォード大学出版局では、日常会話でよく使われる三〇〇〇語の基本的な語彙をリストアップした「The Oxford 3000」をウェブサイト(http://www.oxfordlearnersdictionaries.com/wordlist/)で公開していますが、孫社長のスピーチの九〇％以上はここに掲載された単語でカバーされています。残りの数％は固有名詞などです。

つまり、この三〇〇〇語を覚えていれば、孫社長と同じように英語を話せるということ。なお三〇〇〇語というのは日本のごく普通の高校生がマスターしているレベルです。

“下手な英語”で世界を席巻する孫正義

ところどころ、文法や単語にも間違いがあります。

ネイティブにこのスピーチを聞いてもらったところ、「entrepreneur（アントレプレナー)」という単語がどうしても聞き取れないと言っていました。

最近は日本語の会話でもよく登場するようになったこの言葉は、もともとフランス語に由来していてスペルも変わっていますが、アメリカ人は「アントレプレヌーア」と発音しないと聞き取れないらしいのです。

つまり「アントレプレナー」という発音は〝日本語〟であり、ネイティブとの会話で使うのは要注意ということになります。

でも、それで構わないのです。

「アントレプレヌーア」を「アントレプレナー」と発音したといっても、スピーチ全体から すれば類推可能な発音に過ぎず、そのせいで意思の疎通ができないほどではありません。

同じように日本語化した英語はたくさんあり、外国人との会話でうっかり使ってしまうこともあるかもしれませんが、もし相手に聞き返されて間違いに気づいたら、その都度正しい言葉を覚えていけばいいだけです。

発音がネイティブ並みでなくても、スピードが遅くても、多少の間違いがあっても、ルース前駐日大使のような世界のエグゼクティブと十分渡り合えることが、わかっていただけたでしょうか。

私もソフトバンク時代に何度も孫社長が英語で交渉する場面に立ち会ってきましたが、話している英語はこの動画と同じようなものでした。

それでも、ビル・ゲイツの信頼を勝ち取って共同事業を立ち上げ、当時の全米証券業協会会長・フランク・ザーブと交渉してナスダック・ジャパンの設立を実現し、スティーブ・ジョブズを説得してiPhoneの国内独占販売権を獲得することができたのです。

ネイティブ並みの英語が話せなくても、ビジネスの世界で通用することを証明するのに、これほど説得力のある人物はいません。

いかがでしょうか。

皆さんも、「ネイティブみたいに正しい英語、きれいな英語を話せなくてもいいんだ！」と思えてきたのではありませんか？

それなら思い切って、「必要なコミュニケーションがとれればOK」と開き直ってみてください。

その**開き直りが、「使える英語」を一年で身につけるための第一歩**なのです。

間違い06

「海外留学しないとマスターできない」と思っている

短期間で英語を上達させる方法として、根強い人気があるのが海外留学です。

社会人でも「思い切って一年間休職して、アメリカに語学留学しました」といった話はよく聞きますし、ひと昔前は会社の負担で社員を海外の大学や大学院で学ばせる社費留学制度も盛んに行われていました。

最近は夏休みなどを利用した短期の語学留学も人気のようです。

そういう人たちが留学から帰ってきて、英語が上達した姿を見ると、「やっぱり留学しないと英語が話せるようにならないのかな」と思ってしまうのかもしれません。

でも実際は、留学経験がなくても英語を話せる人はいくらでもいますし、留学しても話せるようにならないまま帰ってくる人もたくさんいます。

私自身もこれまで一度も留学したことはありませんし、ソフトバンク時代に一緒に仕事をした幹部の人たちも、留学せずに英語をマスターした人がほとんどでした。

留学のメリットは、ネイティブの話す英語が日常的に耳から入ってくる環境に身を置けることだとされています。たしかに、英語圏の文化や価値観までも学ぶためには留学が必要かもしれません。また、もしも時間とお金が十分あれば、留学もいい方法でしょう。

しかし今の時代、日本にいてもネイティブの話す英語を聞くことは簡単にできます。テレビ・ラジオの英会話講座やオンラインで学べるｅラーニング、ＤＶＤの英語教材や英会話アプリ、YouTubeの動画など、あらゆるタイプの音源が日本にはあふれています。そして、パソコンやスマートフォン、携帯音楽プレーヤーなどがあれば、いつでも好きな時にそれらの音源を聞くことができるのです。

「国内では英語を話す機会がない」という人もいますが、これだけ英会話学校がたくさんあり、さらにオンライン上でもレッスンを簡単に受けられる時代ですから、日本にいてもアウトプットの機会はいくらでも作れます。

私たちはすでに世界でも有数の恵まれた英語学習環境に身を置いています。**海外留学などしなくても、〝英語漬けの毎日〟を送ることは十分に可能**なのです。

「でも、日本で働いていると、仕事が忙しくて英語を勉強する時間なんてとてもとれない。仕事で疲れてしまって、勉強するモチベーションを持続させるのもかなり大変そう。だから留学をしないとやっぱり英語をマスターできないのではないか」と思った人もいるかもしれません。

実は本書は、そう思っている人たちにこそ読んでいただきたい本なのです。

断言します。

どんなに忙しく仕事をしている人でも、本書で紹介するやり方で勉強すれば、国内で働きながら一年で英語をマスターすることができます。

今はそう言われても納得できないかもしれません。

でも、本書を読んでいくうちに、「たしかにその通りだ。留学などしなくても英語はマスターできる」ということがよくわかり、きっと勇気とやる気が湧いてくるはずです。

（忙しい社会人が勉強時間をいかに確保するか、勉強のモチベーションをいかに継続させるか。これにはちょっとしたコツがありますので、第三章で詳しく解説します）

間違い07
「長期間勉強しないとマスターできない」と思っている

「いくら勉強しても英語が話せるようにならない。やっぱり英語はすぐには上達しないから、腰を据えて長期間勉強しなくては」

これまでいろいろな勉強法に手を出してきた人ほど、こんなふうに思っているようです。

でも、それは大きな誤解です。

「とくに急ぐ理由がなくても、英語の勉強は絶対に短期集中でやるべき」

というのが私の持論です。

具体的には、**「一年」でマスターが基本。長くても「一年半」で決着をつけるべき**です。

つまり、「三年後に海外に転勤になる可能性があるので、それまでに英語を身につけたい」という人でも、学習計画のゴールは最長でも一年半後に設定すべきだということです。

私の場合、仕事ですぐにでも英語を必要とされていたので、時間をかけて勉強するという選択肢が最初からなかったということもありますが、今振り返っても「**一年**」**という期間設定は正しかった**と思います。

なぜなら、人間のモチベーションはそれほど長く続かないからです。

毎日の中で学習時間を確保し、サボらず実行するのは簡単なことではありません。仕事が忙しい社会人なら、なおさらです。

そして、勉強には集中力が必要です。

目的に向かって集中して取り組むからこそ、耳から聞いたことや口から出したことが確実に身につき、急速な上昇カーブを描いて英語力がアップするのです。

ただし、集中力も長くは続きません。だから短期で決着をつけるという覚悟が必要なのです。

例えば、勉強を一日三時間ずつ一年続けるのと、一日三十分ずつ六年続けるのでは、トータルの学習時間は同じです。

しかし、六年となるとさすがに長すぎます。六年後の自分が今と同じように学習意欲を維持している姿を、皆さんは想像できるでしょうか。

それに、**一日三十分程度の勉強では、残念ながらほとんど気休めのレベルです。何年続けても、英語を話せるようにはならない**でしょう（現状維持はできるかもしれませんが）。

使える英語をマスターしたいなら、ある期間、集中的な学習をすることがどうしても必要なのです。

といっても、「ある期間」というのは一年、長くても一年半だけです。

「一日三時間は勉強する」と聞くと、大変そうに感じるかもしれません。

でも、もし一年限定であればどうでしょうか。なんとか頑張れそうだと思えてきませんか？

今までいくら勉強してもダメだったという人こそ、ぜひ短期決戦を前提に勉強を再スタートさせてください。

CHAPTER.2

第2章

こうすれば、1年でマスターできる！①戦略編

何を勉強し、
何を勉強しないか

忙しい社会人が一年で英語をマスターするために、最初に絶対にやっておくべきこと。それは「戦略を立てる」ことです。

「戦略」は、「戦いを略す」と書きます。つまり、どこに注力し、どこで手を抜くかを見極め、最短最速でゴールへ到達するための方法を考えるのが「戦略を立てる」ということです。

英語学習においても、この戦略の視点が欠かせません。「一年で使える英語をマスターする」という目的を達成するためには、「何を勉強し、何を勉強しないか」を最初に見極めることが非常に重要なのです。

世の中には英語学習に関する情報があふれていますし、教材も数限りなく存在します。

しかし、忙しく働きながら、一年で使える英語をマスターしたいなら、あれもこれもと手を出している余裕はありません。

では、やるべきこととやらなくていいことを、どう見極めればいいのでしょうか。

この章では私の体験をもとに、社会人が英語学習の戦略を立てる際の具体的なポイントについて解説したいと思います。

「何を勉強しないか」をまず見極めよう！

POINTS OF CHAPTER.2

1年でマスターするための7つの戦略

戦略01 「自分に必要なのはどんな英語か」をまず明確にする

戦略02 スピーキングとヒアリングを集中的に鍛える

戦略03 単語は勉強しない。これ以上の単語力アップは不要

戦略04 言いたいこと一つにつき、覚える言い回しは一つだけ

戦略05 文法も勉強しない。不安なら中学英語の解説本に一回だけ目を通す

戦略06 日常会話やスモールトークは後回し

戦略07 発音はあきらめる

戦略
01
「自分に必要なのはどんな英語か」をまず明確にする

「何のために英語を勉強するのか？」

英語の学習戦略を練るとき、最も重要なことは「英語を勉強する目的」をまず明確にすることです。

英語はあくまでも何かの目的を達成するための道具にすぎません。では、その道具を使って何をしたいのか。第一章で述べた通り、その人の目的によって、必要とする〝英語〟は違ってきます。

例えば、英語でビジネス交渉をしたい人と、英字新聞・雑誌を読めるようになりたい人とでは、学ぶべき英語はまったく別物です。

ところが、学習目的をあいまいにしたまま勉強を始めると、「英語でビジネス交渉をしたい人が、英字新聞・雑誌を読む勉強をする」といったことをついやってしまうのです。

まったく意味がないとは言いませんが、これではいつまでたっても英語でビジネス交渉ができるようにはなりません。

逆に、学習目的を明確にすると、そこから逆算して、「勉強しなければいけないこと」と「勉強しなくてもいいこと」がわかります。特に、**「手抜きをしていいところ」がわかることが、短期間で英語をマスターする上で非常に重要**なのです。

社会人の英語学習は、学生時代の勉強とは違います。

学校ではまんべんなく勉強しなくてはいけませんでしたが、社会人の場合は自分にとって必要な部分だけを勉強すればいい。つまり、英語力が思いっきり偏っていていいのです。

例えば、「英語でプレゼンをしたい」という人はスピーキングとヒアリングの勉強に徹して、リーディングやライティングの勉強は後回しにしてもかまいません。そのスピーキングとヒアリングも、プレゼンをする際に必要な表現や言い回しを学べる教材だけに絞って勉強すればいいでしょう。

「これは目的達成に関係ないからやらない」と割り切る。つまり、やらなくていいことは捨てて、やるべきことだけに時間と気力を集中する。

使える英語を一年でマスターする秘訣は、ズバリ「**超目的思考**」に徹することです。

英語学習もビジネスライクに徹すればいい

実はこの「超目的思考」、きっと皆さんも、毎日の仕事ではごく自然と実践しているのではないでしょうか。

例えば、資料を作る時でも、「来週の商談でクライアントに自社の製品を購入してもらいたい」といった目的から逆算して、やるべきこととやらなくていいことを考えるはずです。

「製品の機能については前回の商談で説明したから、この資料には入れなくていい（＝やらなくていいこと）」

「競合も売り込みに来ているらしいから、ライバル会社の製品と比較した時の優位性に絞って資料を作ろう（＝やるべきこと）」

といったように。

こうすれば、競合の製品に関する情報収集や自社製品との比較データのとりまとめといった必要な作業だけに集中できます。だから決められた期限までに、効率的に仕事を進めることができるのです。

「超目的思考」で物事を進めるのは何も特別なことではなく、多くの人が普段の仕事ではごく当たり前にやっていることなのです。ところが、仕事では普通にやっていることを、英語学習に応用しようと考える人はあまりいないようです。

私は一年で使える英語をマスターしましたが、天才でもスーパーマンでもないことはすでにお話しした通り。知力にも体力にも気力にも限界がある、いたって普通の人間です。だからこそ、「超目的思考」を徹底し、その限られた力をいかに有効に使うかに知恵を絞ったわけです。

学習計画を立てるというと、たいていの人は「何をやるか」ばかりを考えますが、実は「何をやらないか」を決めることのほうが重要なのです。

私の場合は、「英語でビジネス交渉・商談ができるようになる」という目的がはっきりしていました。では、そこからどのようにやるべきこととやらなくていいことを取捨選択していったのか。それを次からは詳しく紹介していきましょう。

皆さんもこれを参考に、「自分が学ぶべき英語」をまず明確にしてみてください。

戦略02

スピーキングとヒアリングを集中的に鍛える

英語学習の四本柱は、「読む」「書く」「聞く」「話す」とされています。英語を勉強するなら、この四つをバランスよくこなすべきだと考える人も多いでしょう。

でも、日本人は「読む」「書く」については、学校でそれなりの教育を受けてきています。皆さんも、「耳で聞くとわからないけれど、文章で読めばわかる」「発音はわからないけれど、単語のスペルを書くことはできる」ということがよくあるのではないでしょうか。

そこで私は、リーディングとライティングは特に勉強しなくてもよいことにしました。この二つについては、手抜きをすることにしたのです。もし仕事で必要になる場面があれば、その都度対策をとればいいと割り切りました。

そして、スピーキングとヒアリングだけを集中的に鍛えると決めました。

メール時代の今、ライティングの重要性が増していることは事実です。海外の仕事相手と連絡をする時は、間違いなく電話よりもメールを使うことのほうが多いでしょう。私もソフトバンク時代から、英語でメールをやりとりする頻度はかなり高かったと思います。

ですから、英語で文章を書く技術が必要ないとは言いません。

ただ、スピーキングやヒアリングに比べて、**ライティングは徹底的に「手抜き」することが可能**です。わざわざ勉強しなくても、英語でメールを書く方法はいくらでもあるのです。それについては、第四章（一八九ページ）で詳しく述べましょう。

「でも、海外の取引先に渡す書類を作る時に、ライティングが必要になるかもしれないじゃないですか」と心配する人もいるかもしれません。

しかし、プレゼン用の資料を作る程度なら、英語の文章力はそれほど必要ありません。

わかりやすさを重視するなら、長々とした文章よりも、図表を中心に資料をまとめたほうがいいからです。

私は日本語でプレゼン資料を作る時も、文章を入れるのは一行か二行のキーフレーズだけなので、それが英語になったところでライティングのスキルはいりません。

よく考えてみると、ビジネスで本格的なライティングが必要になる書類といえば、契約書くらいではないでしょうか。

ただし、契約書のように厳密な英語が求められる書類を自分で書けるようになるのは、ほとんど不可能です。私も交渉や会議は通訳をつけずに自分でこなしていますが、そこで出た結論を契約書に落とし込む作業は、弁護士などのプロにお任せしています。

契約書が他の書類と違うのは、絶対にミスや不備があってはいけないということ。つまり完璧な英語を求められるということです。文章の正確さはもちろん、法律などの専門用語にも精通していなくては、とてもできない作業です。

それだけのライティングを一から勉強するなんて、あまりにも費用対効果が悪すぎます。少なくとも私は、何年勉強しても契約書を自分で作れるようになる自信はありません。

それに私の目的はあくまで「英語でビジネス交渉ができるようになること」であって、

社会人の英語学習の基本戦略

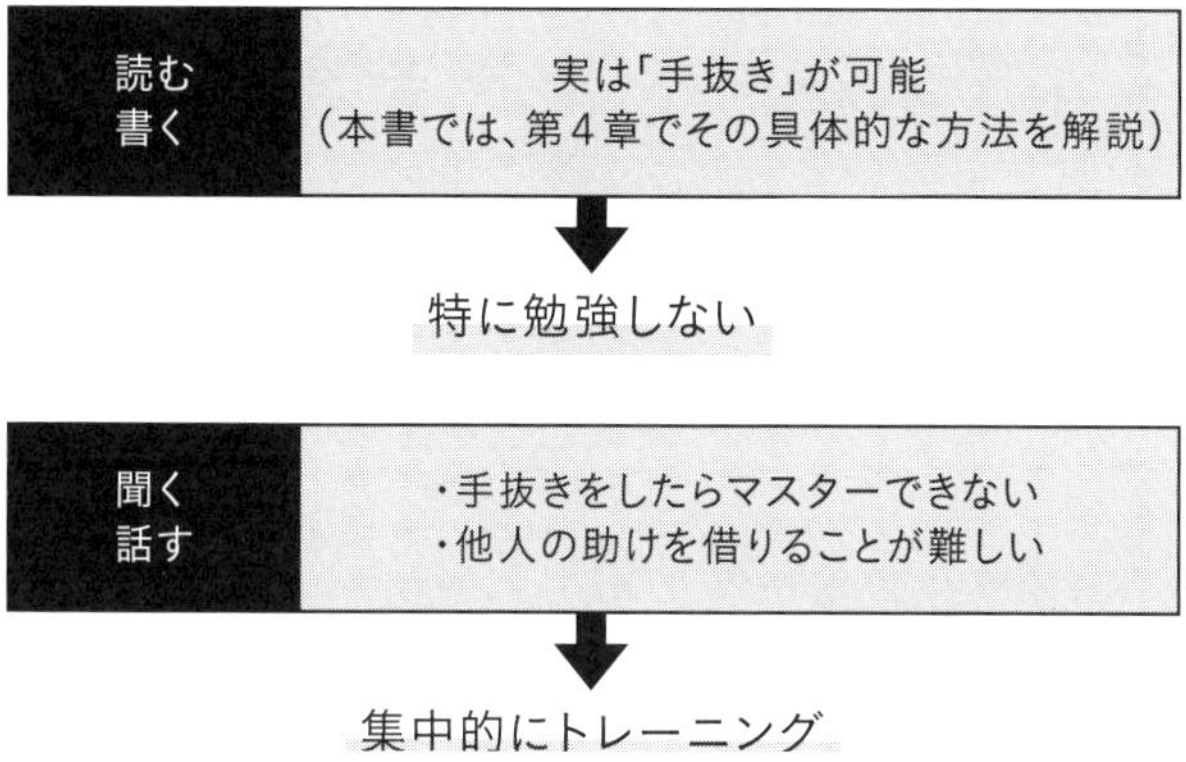

「契約書を作れるようになること」ではありませんでした。目的達成のために時間と体力を注ぎ込むのが精一杯で、とても他のことにまで努力する余裕はなかったのです。

だから私は、「契約書の作成はプロに任せる」と割り切りました。

これで「英語で大事な書類を書かなくてはいけない」という義務感から解放されて、心置きなくスピーキングとヒアリングに集中することができました。

一般の会社員でも、契約書くらい重要な書類の作成は、法務部などの専門部署に任せるルールになっている場合が多いのではないでしょうか。ですから、手抜きできるものはどんどん手抜きすることにしましょう。

その代わり、「手抜きをしたら絶対にマスターできないもの、他人の助けを借りることができないもの＝スピーキングとヒアリング」に集中するのが、**社会人が英語を勉強する際の基本戦略**です。

勉強する必要がないことはやらなくていい。

繰り返しになりますが、これが最短最速でゴールに到達するための必須条件だということを忘れないでください。

戦略
03
単語は勉強しない。これ以上の単語力アップは不要

私が次に「これはやらない」と決めたのが、単語の勉強でした。

「ちょっと待って！　単語を覚えずにどうやって英語を使えるようになるの？」

そんな声が聞こえてきそうですね。

でも、第一章で紹介した孫社長の対談スピーチを思い出してください。

日常会話でよく使われる基本的な「Oxford 3000」の単語だけで、スピーチの九〇％以上がカバーされていました。

ちなみに残りの数％は、固有名詞や「ah~」といった言いよどみでしたから、実質的には「Oxford 3000」でほぼすべてをカバーできていることになります。

そして「Oxford 3000」にリストアップされている単語は、日本の一般的な高校生がマスターしているレベルです。

つまり、社会人の皆さんもすでに知っている単語ばかりということ（今は忘れているかもしれませんが、勉強を始めればきっと思い出します）。私としては、「日本人は自分の単語力にもっと自信を持っていいんですよ！」と大声で知らせたいくらいです。

そもそも「単語を知らないと英語を話せない」というのは、思い込みに過ぎません。知らない単語があっても、自分が知っている単語で言い換えることができるからです。

私がある交渉の席でやりとりをしていた時、こんなことがありました。相手に「歩留《ぶど》まり率はどのくらいですか？」と聞きたかったのですが、その時の私は「yield rate（歩留まり率）」という単語を知りませんでした。

でもこの場合、要するに「製造過程で何％くらい（製品が）減ってしまうのか」という数字が知りたいだけなので、自分が知っている単語を使ってこう言い換えました。

「How much is lost during the process?」

すると相手が「三〇％」と答えたので、「じゃあ、歩留まり率は七〇％なんだな」とわかり、問題なく会話を続けることができました。

「yield rate」はわざわざ勉強しないと覚えることがない単語ですが、私が言い換えた文章で使った単語はどれも中学校で習うレベルです。皆さんの頭の中にも、きっとすでに入っていると思います。

このように、難しい単語がわからない場合でも、知っている言葉で言い換えればコミュニケーションに困ることはありません。

どうぞ安心して、単語の学習は捨ててください。

イディオムも覚えない

私がそう言い切れるのには、ちゃんと根拠があります。

代表的な英英辞典の一つ、「Oxford Advanced Learner's Dictionary（オックスフォード現代英英辞典）」には一八万四五〇〇の単語や慣用表現が収録されています。

でも、その単語を解説する文章は、すべて「Oxford 3000」の単語だけで書かれているのです。

「Oxford Advanced Learner's Dictionary」にはスマートフォン用のアプリ（三〇〇〇円）もあります。

また、「Oxford Learner's Dictionaries」(http://www.oxfordlearnersdictionaries.

おすすめのアプリ

『Oxford Advanced Learner's Dictionary』

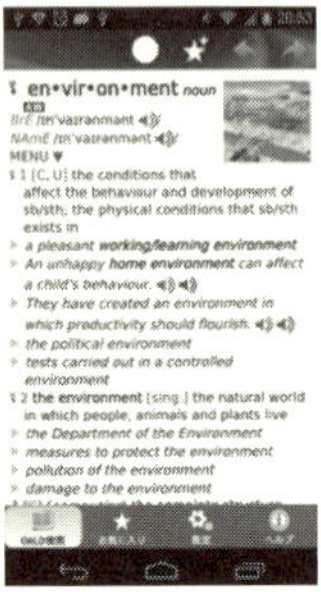

代表的な英英辞典のスマートフォン用アプリ版（3,000円）。18万4,500の単語や慣用表現の意味が、「The Oxford 3000」（p.45参照）の単語だけを使ってわかりやすく説明されています。アプリならではの使い勝手のよさで、知りたい言葉を確実に短時間で検索可能。また、本場のイギリス英語とアメリカ英語の発音による単語と例文を「聞く」こともできます。

com）のサイトでも辞書を引くことができます。

こちらは当然無料ですので、試しに皆さんも難しい単語を一つ引いてみてください。

一八万語をごく簡単な三〇〇〇語で言い換えられるのですから、**三〇〇〇語以上覚えるのは時間と労力の無駄**だと思いませんか？

私は無駄だと思ったので、「単語の勉強はしない」と割り切りました。

ちなみに、イディオム（idiom）も覚えませんでした。

皆さんも、学校の教科書にやたらとイディオムが出てきたことを覚えていると思いますが、これもほとんどは別の単語で言い換えられます。

「take part in（参加する）」なら、「join」の一単語で済むわけです。わざわざ長いイディオムを覚える必要はありません。

仕事をしていれば、「Oxford 3000」以外に業界特有の専門用語や技術用語が必要になる場面はあるでしょう。

ただそれは、その時々で覚えていけばいいだけ。

「ビジネスに必須の三〇〇〇語を収録！」といった分厚い単語集を頭から覚えていくのは、あまりに非効率的です。

「でも、急な会議や商談が入ったら、覚えるのが間に合わないんじゃ……」と不安ですか？

そこは大丈夫。

なぜなら私は、どんな交渉も一夜漬けで乗り切ってきたからです。

当然、専門用語の一夜漬けにもちょっとしたコツがあります。その詳細は、第五章（二一一ページ）でお話ししましょう。

戦略04

言いたいこと一つにつき、覚える言い回しは一つだけ

勉強を始めるにあたって、私も英語のテキストを何冊かチェックしてみたのですが、非常に気になった点がありました。

それは、言い回しが不必要にたくさん紹介されていることです。

例えば、「会議を始めましょう」を英語で何と言うでしょうか。

ある本には、「Let's get down to business」という言い回しが載っていました。なるほどと思ってその下を見ると、「他に『Let's start the meeting』などの言い方がある」と書かれています。

だったら、「Let's start the meeting」だけ覚えればいいと思いませんか？

わざわざ「get down to~」というイディオムを使わなくても、中学生レベルの単語だけで同じ意味を伝えることができるのですから。

そこで私は、「言いたいこと一つにつき、覚える言い回しは一つだけ」と決めました。

その本では、「ネイティブはよくこんな言い方をします」という解説つきで「Let's get down to business」という言い回しを紹介していました。

でも、「ネイティブのように話す」ことを目指すのがいかに非現実的かは、第一章でお話しした通り。それを追求していたらきりがありません。

私たちはネイティブではありませんし、会話をする相手もそのことは十分承知しています。自信を持って「言いたいことが伝わればＯＫ」と割り切り、言い回しは一つに絞って覚えることにしましょう。

これは私の推測ですが、英語の本にこれほどたくさん言い回しが載っているのは、本の作り手がページ数をかせぐためだと思います。私も著書を何冊か出してきたので、出版社側にもいろいろな事情があるのはわかります。

でも、読者である皆さんが、そんな事情に付き合う義理はありません。

一年で英語をマスターしようと思うなら、いくつも言い回しを覚える必要はない。いえ、決して覚えようとしてはいけません。

本にいくつも言い回しが載っていたら、自分が一番覚えやすいものを選べばいいだけです。「自分が会議を仕切る時は、『Let's start the meeting』でいく」と決めたら、それ以外は覚えなくて構いません。

どれを覚えるか迷ったら、丁寧な言い回しを選ぶ

もしどれを覚えるか迷ったら、カジュアルでくだけた言い回しよりは、丁寧な言い回しを選ぶとよいと思います。

相手に何かを依頼する際の言い回しがいくつか紹介されていたら、「Can you ~?（~してもらえますか）」よりは「Could you ~?（~していただけますか）」を覚えて、どんな場面でもそれで通すわけです。

私もお願いごとをする時は、とりあえず「Could you ~?」と言っておけばいいと決めています。同様に、相手に何かを求める時は、命令形ではなく、「My suggestion is that ~（私の提案は~です）」とソフトな言い方をすることにしています。

他の人たちがフランクな会話をしているなかで、丁寧すぎる表現を使えば、相手は「随分と格式ばった話し方をするな」とは感じるでしょうが、「まあ悪い人間ではなさそうだ」とも思ってくれるので問題ありません。

簡単&丁寧な言い回しを１つだけ覚える

例：「会議を始めましょう」

・Let's get down to business.

・Let's start the meeting.

⋮

↓

いろいろ紹介されていても、
覚えるのは一番簡単な言い回しの
「Let's start the meeting.」だけ

例：何かを依頼するとき

・Can you ～? （～してもらえますか）

・Could you ～? （～していただけますか）

⋮

↓

いろいろ紹介されていても、
覚えるのは丁寧な言い回しの
「Could you ～?」だけ

少なくとも、丁寧すぎて相手を怒らせることはないでしょう。**下手にくだけた言い回しをして、相手の気分を害するよりもよっぽどいい**はずです。

私は「一つにつき、一つの言い回し」をさらに徹底するため、ミーティングのたびに自分用の〝あんちょこ〟を作っていました。

会議を始める際の挨拶はこの言い回し、誰かに発言を求める時はこの言い回し……というように、一つの場面ごとに一つの言い回しを決めて、それだけを覚えたのです。

たとえ同じ言い回しを何度も繰り返すことになっても、気にすることはありません。

「超目的思考」に徹するなら、会議を無事に乗り切るという目的さえ果たせればいいのですから、意味が通れば何も問題はないのです。

多彩な言い回しを駆使して、カッコよく英語を話そうと考える余裕など、少なくとも私にはありませんでしたし、皆さんも同じではないでしょうか。

必要にして十分なことさえ覚えたら、それ以外の余計なことは覚えようとしないこと。一年で使える英語をマスターしたいなら、その基本ルールを徹底しましょう。

戦略 05

文法も勉強しない。不安なら中学英語の解説本に一回だけ目を通す

私が「これはやらない」と決めたものは、まだまだあります。

その一つが、文法です。

先ほども述べたように、日本人は「読む」については、ある程度の教育を受けています。読めばだいたいたいの意味がわかるということは、文法もそれなりに理解しているはずです。

すでにインプットがあるものは、もちろん「やらなくていいこと」に入ります。

よって、文法も勉強する必要はありません。

「そうはいっても、かなり長い間英語を勉強していないから、自分がどれだけ文法を覚えているか不安です……」

そんな人は、中学校で習う文法だけを、最初にざっとおさらいすればいいと思います。

大学受験をするわけではないのですから、中学レベルの文法さえ理解していれば、普段

の会話はなんら問題ありません。

ただし、教科書を一からやり直すような時間はありません。

今は大人向けに、中学の三年間で習う英語を短時間で復習できるテキストもたくさん発売されていますので、それに一回だけ目を通せば十分です。

まったく頭に文法が入っていないわけではなく、一度覚えた記憶のかけらを寄せ集めて復元するという程度の作業ですから、**できるだけ薄いテキストを選び、おさらいは手短に済ませてください。**

そう聞いても、「ビジネスで英語を使う場合は、やはり文法が正確でないとまずいのでは?」と心配になるかもしれませんね。

でも、実際のコミュニケーションでは、自分の意図することさえ伝われば、細部の文法の間違いはそれほど問題にはなりません。私も「a」と「the」を間違えるくらいはしょっちゅうですし、うっかり時制を言い違えることもよくあります。

しかし、その程度なら文章全体の意味が変わってしまうほどの間違いではありませんし、私の言いたいことは相手にちゃんと伝わります。

そもそも、こちらがネイティブでないことは相手もよくわかっているので、多少の文法の間違いなら「日本人が話す英語なのだから、そういうこともあるだろう」とたいして気にもとめません。こちらが勝手に、「文法を正しく使えないなんて、ダメなヤツと思われないだろうか」と気をもむ必要はないのです。

ネイティブ相手にやってはいけない「二つの間違い」

ただし、私が経験したなかで、「これだけはビジネスの場でやってはいけない」という間違いが二つだけあります。

一つは、**カジュアルすぎる言い回しを使うこと**。

先ほど、「Can you ～?（～してもらえますか）」よりも「Could you ～?（～していただけますか）」を覚えたほうがいいと言ったのはそのためです。

ネイティブの人たちは、ビジネス会話の中で「Yep」という表現を使われると強い不快感を覚えるといいます。これは「Yes」のスラングに当たるのですが、ネイティブの友人に聞くと、意外と日本人がよく使うそうです。

おそらく英語のテキストや学習アプリなどで、「最近のネイティブがよく使う言い回し」として紹介され、それを使うのがカッコいいと勘違いしてしまったのでしょう。

しかし、少なくともビジネスの場で使っていい表現ではありません。何度も言いますが、私たちがネイティブのように話すことを目指す必要はありません。カッコよさにこだわって、相手の気分を害してしまったら元も子もないはず。そんな言い回しを覚える時間があるなら、**丁寧すぎる言い回し一つだけで、すべての場面を乗り切ったほうが効率的だし安全**です。

もう一つ注意したいのが、可算名詞と不可算名詞です。日本人にはなかなか区別がつきにくいのですが、これを間違えると、ネイティブはかなり違和感を覚えるようです。

「apple」なら一個二個と数えられるから可算名詞、「water」は液体で数えられないから不可算名詞、というのはまだわかりやすいでしょう。

でも、「cake」はどうでしょうか。この単語は、丸ごとのホールケーキなら可算名詞になり、「three cakes」などと「s」がつきます。しかし、ホールケーキを切り分けたものは無形と見なされて不可算名詞となり、「three pieces of cake」などと「s」をつけない表現になります。また、「私はケーキが好きです」というように、「ケーキというものを総称して指す場合」は「I like cake」となり、冠詞の「a」も複数形の「s」もつきません。

というように、日本人にとっては非常にややこしいのですが、ネイティブはこれを感覚的に理解しているので、単数形であるべきところで複数形を使われたりすると気持ち悪いのだそうです。

私も知人のネイティブから、「可算名詞と不可算名詞を間違えると、知的レベルが低い人間のように思われてしまうから気をつけたほうがいい」とアドバイスされました。それ以来、数え方の表現については、特に書き言葉の時は正しいかどうかをしっかりチェックするようにしています。

でも、私が文法で意識しているのは、この二つだけです。それ以外は、ほとんど気にしていないと言っていいくらいです。

思えば孫社長の英語も時制の間違い程度ならたくさんありましたが、それでも交渉に負けることはなかったですし、スピーチでは聴衆を常に惹きつけてきました。

最低限のポイントさえ押さえれば、たとえビジネス英語であっても文法のトレーニングは必要ないのです。

戦略06

日常会話やスモールトークは後回し

仕事で使える英語をマスターしたいなら、日常会話やスモールトーク（雑談）の勉強はとりあえず後回しにしてください。

第一章でお話しした通り、ビジネス英語よりも日常英語のほうが、本気でマスターしようと思ったら学習する範囲も量も膨大になってしまうからです。

一年で使える英語をマスターしたいと思っている人が、そんな遠回りをしている余裕はありません。私が英語で交渉するための勉強に徹したように、自分が必要とする英語だけに専念しましょう。

ビジネスにおいて最も重要なのは、仕事で成果を出すことです。

英語を勉強するのはそのためなのですから、成果を出すのに英語で交渉やプレゼンができることを求められるなら、まずはそれに集中するのが先決です。

それに、実際にスモールトークを必要とする場がどれだけあるでしょうか？

外国人が多く集まるパーティーや懇親会などに招かれる頻度は、それほど多くないという人がほとんどではないでしょうか。海外に駐在している人ならともかく、日本で仕事をしているなら、日常的にスモールトークが求められることはないはずです。

使う頻度が低いものも、もちろん「やらなくていいこと」に入ります。一年で使える英語を身につけるために、どんどん割り切っていきましょう。

私も最近は仕事の場以外でもネイティブとお付き合いする機会が増えたので、さすがに自分なりに対策を考え、**スモールトークを一夜漬けで乗り切る方法**を編み出しました。

それは第五章（二二四ページ）でご紹介します。

ただし、かつての私と同様、英語学習を始めたばかりの人は、スモールトークはひとまず置いておきましょう。

「仕事で使うビジネス英語だけを勉強すればいい」と割り切ったほうが気がラクです。

目的のために必要ないものはどんどん後回しにして、最短最速でのゴール到達を目指してください。

戦略
07

発音はあきらめる

そして最後に、英語学習の先輩として、とても重要なアドバイスを送りたいと思います。

それは、「正しい発音、きれいな発音で話すことはあきらめなさい」ということです。

「スピーキングとヒアリングを集中的に鍛えろと言っておきながら、発音をあきらめろとはどういうこと？」と思うかもしれません。

東洋英和女学院大学の高橋基治教授の研究によると、子どもの頃に外国からアメリカに移住した人でも、十一歳以降に移住した場合は、その後もずっと外国語なまりが残るという結果が出ています。

つまり、まだティーンエイジャーのうちにアメリカで暮らし始めて、その後もずっとネイティブに囲まれて生活する人でさえ、完璧な発音をマスターするのはほとんど不可能なのです。大人の英語学習者がネイティブ並みの発音を目指すことがどれだけ非現実的なことかおわかりでしょう。

だとしたら、大人になって本格的に英語学習を始める日本人が、**発音の正確さや美しさを追求するのは時間の無駄**ということになります。

英語でなんとか言い直さずに、一度で言いたいことが伝わればそれでもう十分です。ネイティブ並みを目指すのは現実的ではありません。

もう一度、第一章の動画で見た孫社長の英語を聞き返してみてください。

孫社長は十代の頃に渡米し、アメリカの大学を卒業していますが、それでも日本語なまりが残っています。

しかしそれは、「発音を追求しなくても、ネイティブとコミュニケーションはできる」と理解したからだと思います。

おそらく孫社長は、「L」と「R」の違いを正しく区別しようという意識さえないはずです。それでも十分に世界の大舞台で英語を駆使し、活躍しているのです。

ですから、発音については、「相手との会話が成り立つならOK」と割り切ることです。

もし相手が聞き返してきたら、もう少しゆっくり話してみるとか、発音がシンプルな単語で言い換えるとか、いくらでも方法はあります。

発音を気にしていたら、いつまで経っても英語を話すことはできません。「正しい発音で話さなければ」と意識すればするほど、英語がとっさに口から出てこなくなるからです。

かなりの英語力を身につけた人が、さらなるブラッシュアップのために発音を練習するなら意味があると思いますが、私と同じように一から勉強を始めるのであれば、発音へのこだわりはいったんは捨てたほうがいいと断言できます。とにかくまずは、最低限会話できるレベルになること。その上で、さらに上を目指す意欲や必要性を感じたらその時に発音をしっかり勉強すればよいと思います。

ただし、ネイティブと意思の疎通ができるレベルの英語を話すには、もちろんスピーキングの練習は必要です。

その時に重要なのは、**発音ではなく、「発声」を意識する**こと。これがスピーキングを鍛えるカギになります。

「発音」と「発声」がどう違うのかは、第四章（一六五ページ）で詳しく説明することにします。

いずれにせよ、社会人の英語学習においては、発音練習も「やらなくていいこと」に入るということです。

やるべきことと やらなくていいことをしっかりと見極めること。それが一年で使える英語をマスターするための必須条件であることを、ここでもう一度、皆さんにお伝えしておきたいと思います。

CHAPTER.3

第3章

こうすれば、
1年でマスターできる！②
戦術編

モチベーション維持と
習慣化のコツ

仕事を持つ社会人にとって、「忙しい日々の中で、英語の勉強時間をいかに確保するか」「モチベーションをいかにして維持するか」は最重要テーマといっていいでしょう。

終業後に勉強しようとしても、急な残業が入ったり、飲みに誘われたりすると、まとまった時間を作るのは難しくなります。仕事で疲れて帰ってくると、「今日は勉強しなくていいかな」とサボりたくもなります。

また、人間は一度モチベーションが下がると、勉強のリズムを取り戻すのが難しいもの。これまで英語学習を挫折した経験がある人は、それを痛感しているのではないでしょうか。

とはいえ、別に超人的な意志の強さがなければ英語学習が続かないというわけではありません。

やる気を持続し、勉強を習慣化するには、そのための仕組みを最初にしっかりと作るのがミソです。いったん学習サイクルができてしまえば、あとは自然と回っていくので、それほど無理をしなくても一年間の学習計画をこなすことができるからです。

そして、スケジューリングや勉強の環境づくりには、ちょっとしたコツがあります。

この章では、私が実践した学習法とともに、そのコツをご紹介しましょう。

三日坊主にならない
秘訣、教えます！

POINTS OF CHAPTER.3

やる気維持&習慣化の7つの戦術

―戦術―01―
一年後の飛行機チケットを予約せよ。
まず一年後のゴール設定を

―戦術―02―
一年で千時間やれば、必ず聞ける&話せるようになる

―戦術―03―
ポイントは、やはり朝の時間の活用

―戦術―04―
一週間の中で帳尻を合わせる。
土曜日は調整日、日曜日は休み

―戦術―05―
アウトプットの時間を、最優先で確保・固定する

―戦術―06―
「いつでもどこでも勉強できます」というものは避ける

―戦術―07―
「勉強仲間」はモチベーション維持に不可欠

戦術
01

一年後の飛行機チケットを予約せよ。まず一年後のゴール設定を

学習計画を立てる際に、最初にやるべきはゴールセッティングです。

まずは、「一年後に英語で〇〇をする」という具体的な目標を決めてしまいましょう。

なぜなら人間は追い込まれないと、なかなかやる気にならないからです。

私の場合は一年後どころか、「今すぐにでも英語で交渉ができるようにならないと会社をクビになるかもしれない」という状況だったので、自分を追い込むまでもなく、一年間に渡って走り続けることができました。

ただ、皆さんの中には、「今すぐ英語を使うわけではないけれど、英語を使う部署への異動や将来の海外転勤に備えておきたい」といった人もいるでしょう。

このように「いつまで」という期限がはっきりしない目標では、モチベーションを維持するのがどうしても難しくなります。途中でサボり始めても、「そんなに急がなくてもいいや」「ゴールをあと半年延ばせばいいいや」といった言い訳ができてしまうからです。

厳しい言い方になりますが、**「いつかは英語が使えるようになりたいな」と思っているうちは、そのいつかは永遠に訪れません。**

そこで、自分で自分を追い込むために、一年後の具体的な目標を設定する必要があります。一年以内に英語を使う部署に異動したり、海外へ転勤したりする予定はなくても、英語を使わざるを得ない状況を自ら作り出すのです。

私がおすすめする方法は、一年後の飛行機を予約してしまうことです。全日空なら搭乗日の三百五十五日前から、日本航空なら三百三十日前からチケットを予約できます。英語を使える場所なら、行き先はどこでも構いません。チケットを買ってしまったからには、もう英語を勉強するしかありません。机の前にでも貼って、毎日目につくようにすれば、いやが上にもモチベーションは高まるでしょう。

おすすめの行き先は、自分の業界の「海外見本市」

ビジネスパーソンだったら、ただの旅行ではなく、見本市（コンベンション、トレードショーなど）への参加を目標にするとよいと思います。

皆さんがどんな業界で働いているとしても、それに関連する見本市は、世界のどこかで必ず開かれているはずです。そして、開催スケジュールは一年前には公表されている場合がほとんどです。

ＩＴ業界なら毎年ロサンゼルスで開かれる「Ｅ３」やドイツ・ハノーファーで開かれる「CeBIT」、家電業界ならラスベガスの「ＣＥＳ」やドイツ・ベルリンの「ＩＦＡ」、インテリア業界ならイタリア・ミラノの「ミラノサローネ」など、探せば必ず自分の仕事に関係する見本市が見つかります。

いま例に挙げたのは世界最大級の見本市ばかりですが、中小規模のものまで含めれば、どんなにニッチな業界や業種でも、自分の仕事に関係するものが見つからないということはないはずです。

さっそく来年の開催日程を調べて、今すぐ期間中の飛行機を予約してしまいましょう。

たとえ開催国の第一言語が英語ではなくても、世界中から企業や人が集まる見本市での公用語は、どの会場でも英語です。

一人の参加者として、いろいろな出展ブースを回り、各企業の担当者から説明を聞いたり、カタログをもらったりするだけでも、ビジネス英語が必要になります。

できれば担当者と名刺交換して、「自分は日本の会社でこういう商品を扱っている」といった紹介ができれば、有意義な情報交換ができるでしょう。ひょっとしたらそれが縁で、実際のビジネスにつながるような人脈を開拓できるかもしれません。

そこまで具体的な目標を定めれば、「だったら、自社の商品を説明するための言い回しを勉強しよう」といった学習計画もはっきりして、「一年後までに何を勉強し、何を勉強しないか」も明確になります。

一年後に目指すゴールのイメージは、具体的であればあるほどモチベーションは高まります。**同業界の海外のビジネスパーソンと英語で会話しているところを想像するのは、なかなか楽しいもの。**こうして具体的にゴール設定をすることは、自分を追い込むと同時に、英語を学ぶ楽しさやワクワク感を与えてくれる材料にもなるはずです。

「見本市に行くことさえ決めておけば、飛行機の予約はもう少し開催日が近くなってからでもいいのでは？　一年後の仕事のスケジュールなんてわからないわけだし」

そう思った人もいるかもしれません。

しかし、**開催日が近づいてからいざ予約しようとすると、どうしてもリスクやコストなどのマイナス要因に目が向く**ようになります。

「いま仕事が忙しいのに、海外見本市なんかに行って大丈夫か？」
「自腹を切ってまで行く価値が本当にあるのか？」
そんなことが次々と頭に浮かんで、段々と面倒くさくなり、「また来年考えればいいか」となりがちなのです。

日々の仕事と違って必ずやらなければいけないことではないからこそ、早い段階でゴールを決め、予定もおさえてしまう。これはゴールセッティングをする上での鉄則です。

皆さんもこれを読んだら、今すぐ一年以内に開催される見本市の情報を調べて、チケット予約のサイトを開いてください。必要な情報を打ち込んで、「予約」をクリックすればゴール設定は完了。あとはそれに向かって勉強するだけです。

TOEICのスコアをゴールにしないほうがいい理由

「TOEICのスコアを目標にするのはダメですか？」

ビジネスパーソンからそう質問されることがあります。

その人の英語を勉強する目的が「社内で昇進すること」や「外資系企業に転職すること」で、その条件として「TOEIC八〇〇点以上」などと決められているのなら、それをゴールにするのは間違っていないと思います。

ただし、ビジネスの現場で使える英語を今すぐ身につけることが目的なら、個人的にはあまりおすすめしません。

ＴＯＥＩＣは試験の形式が独特で、高いスコアを目指すなら、それに特化した勉強が必要になります。よく出題される言い回しや引っかけ問題に惑わされないテクニックといった「試験のための勉強」になりがちで、必ずしも生きた英語が身につくわけではないのです。実際、「ＴＯＥＩＣのスコアは高いのに、英語の交渉やプレゼンはさっぱり」という人は少なくありません。

逆に、ＴＯＥＩＣのスコアはそれほど高くなくても、ビジネスでのコミュニケーションには不自由しないという人もたくさんいます。

私も一年間英語を勉強した後、試しにＴＯＥＩＣを受験したところ、スコアは七六五点でした。

ソフトバンクに入社する前に受けた時は五四〇点でしたから、それに比べればだいぶ上がりましたが、とくに高い点数ではありません。

それでも、英語で仕事をするのに何の支障もありませんでした。

とはいえ、勉強を続けるためのモチベーションを維持するには、「自分の英語力がどれくらいアップしたか、点数で確認したい」と思う気持ちもわかります。

そこでおすすめしたいのが、「**Versant（ヴァーサント）**」というスピーキングテストです。自宅にいながら二十四時間三百六十五日、パソコンまたは電話でテストを受けられるという便利なもので、テスト終了後わずか数分でスコアが出ます。

実践的な英語力を診断できるので、「使える英語」を身につけたい人にはぴったりです。このVersantについては、第四章（一八二ページ）で詳しくご紹介します。

戦術
02

一年で千時間やれば、必ず聞ける＆話せるようになる

まずは一年後のゴールを設定しました。

では、この一年間でどれくらい勉強すれば英語をマスターできるのでしょうか。

英語と日本語では、使われる周波数が異なります。ですから日本人の脳は、日本語にはない英語独特の周波数の音を感知しても、無意識にそれをスルーしてしまうのです。

この「日本語脳」を「英語脳」に切り替えるには、一般的に約千時間のトレーニングが必要だと言われています。

私自身の経験から言っても、このくらいの時間は必要だと感じていますが、その根拠をもう少し客観的に検証してみましょう。

アメリカ国務省には「Foreign Service Institute」という語学研修機関があります。アメリカの政府機関で働く人たちが外国語を習得するための機関で、七〇ヵ国語の教育を受

けることができます。

この機関では、「標準的なアメリカ人がその言語を習得するのにかかる時間」を調べ、難易度別に五段階で分類しています。

最も難易度が低い「レベル一」はスペイン語やフランス語などで、習得までにかかる時間は五百七十五〜六百時間。やや難易度が高い「レベル三」はマレーシア語やスワヒリ語で、習得までにかかる時間は九百時間です。

さらに難易度が高い「レベル四」はペルシア語やタガログ語などで、習得までにかかる時間は一千百時間となります。

では、日本語はどこに分類されているか。

答えは、最も難易度が高い「レベル五」。習得にかかる時間は、なんと二千二百時間です。

しかも、レベル五に分類された五ヵ国語のうち、「ネイティブの英語スピーカーにとって、日本語はとくに難しい」という注釈までついています。

英語と日本語では、発音や発声の方法から文法の構造や文字に至るまで、何から何まで違います。その言語間ギャップは、他のどの言語に比べても大きいということです。

そしてアメリカ人が日本語を習得するのにこれだけ時間がかかるということは、逆の場合も同じくらいの時間がかかると考えられます。

つまり、日本人が英語を習得するのにも二千二百時間程度かかるということです。

よく「学校であんなに勉強するのに、使える英語が身につかない。日本の英語教育は間違っている」と言われますが、**「多くの日本人が英語をマスターできないのは、絶対的に学習時間が足りていないから」**と考えてまず間違いないでしょう。

二千二百時間と聞いて、「そんなにかかるの⁉」と気が遠くなったかもしれませんが、ご安心を。

日本人は中学・高校までの授業だけで約九百時間（世代により多少異なりますが）の英語学習をしています。その他に家庭や塾での学習時間を含めると、千時間をゆうに超える勉強をしている人がほとんどだと考えられます。つまり、二千二百時間のうち、半分近くの時間はすでに皆さんも学習済みということです。

そう考えると、やはり社会人が英語を習得するには、残りの約千時間を目安にするのが妥当ではないでしょうか。

一般的に言われている説は、間違っていないということです。

「一年間」の期限つきだから頑張れる

総学習時間の目安がわかったら、それを一年間でこなすための学習計画を立てましょう。

一年は約五十週なので、一週間で約二十時間、一日約三時間の勉強をすれば、「一年間で千時間」という目標を達成できることになります。

少しゆとりを持って、一年半後をゴールにする場合でも、一週間に約十三時間、一日約二時間の学習が必要です。

いかがでしょうか。

「一日三時間」と聞いて、「仕事をしながら、それだけの時間を確保するのは大変かも」と心配になりましたか？

でも、ちょっと考えてみてください。

それを続けるのは、一年間という期限つきです。

もし「三時間は大変そうだから、一日一時間にしよう」と考えると、千時間の学習をこなすのに三年間かかります。

どうでしょうか。これから三年間、モチベーションを維持したまま、勉強を続けるイメージが湧きますか？

私は正直、仕事をしながら三年間も勉強を続ける自信がありません。**一年だったら、なんとか頑張れる。**でも「三年間頑張ろう」と言われると、たとえ一日の学習時間が一時間でも、先が遠すぎて勉強を始める前からモチベーションが下がってしまいます。

自分の学習期間を振り返ってみても、ゴールが一年後だったからこそ、私は全速力で突っ走れたのだと思います。

いったん全力疾走を始めると、段々とランナーズ・ハイのような高揚感が生まれてきて、モチベーションが高いままゴールまで駆け抜けることができたという感覚です。

もしこれが一日一時間ずつの学習だったら、そこまで高いモチベーションや集中力は生まれなかったと思いますし、ゆっくり走っているうちに途中でつい立ち止まったりした可能性も大いにあります。

一年間勉強しても英語が身につくかどうかわからないなら、やはりモチベーションを維持するのは難しいかもしれません。

でも、「あと千時間勉強すれば、確実に英語が使えるようになる」とデータ的にも裏付けられているのです。ということは、**千時間の勉強を終えた時には、必ず「英語をマスターした自分」に出会える**のですよ！

だったらなるべく早く、そんな自分に出会いたいと思いませんか？

三年後という少し遠い未来ではなく、たった一年後には英語を使ってバリバリ仕事をしている自分を想像したほうが絶対に楽しいはずです。

それでもまだ「本当に大丈夫かな」と不安な人もいるかもしれませんね。

でも心配ありません。

この章の冒頭でお話しした通り、やる気を持続し、勉強を習慣化するには、そのための仕組みを最初に作ってしまえばいいのです。

そうすれば、超人的な強い意志がなくても、自然と学習サイクルを回していくことができます。次からは、その仕組みづくりの方法を具体的にご紹介していきましょう。

戦術03
ポイントは、やはり朝の時間の活用

仕事を持つ社会人が、いかに学習時間を確保するか。

それを考えた時、やはり朝の時間を活用しないわけにはいきません。

夜だけで学習時間を確保しようとしても、急な残業が入ることもあるし、飲み会や接待などのつきあいもあるでしょう。

それに、仕事で疲れた日は、家に帰ってから長時間の勉強をするのは現実的に難しいと思います。だからこそ、仕事が始まる前の朝の時間を有効に使う必要があるのです。

会社員なら、通勤中も貴重な学習時間となります。電車の中でヒアリング教材を聞くなどして、ここも勉強にあててください。

この**「朝時間＋通勤時間」を軸にスケジュールを組み立てる**のが、社会人の場合の基本ルールです。これなら残業などの急な予定変更にも影響されず、毎日安定して学習時間を確保できます。

通勤時間が短くて、これだけでは一日三時間を確保できないという人は、昼休みや夜の時間を補助的に使ってスケジュールを組んでください。

私自身も、朝と通勤時間をフル活用しました。

当時はソフトバンクに勤務していて、仕事がとにかく忙しかった時期。孫社長に急な仕事を頼まれたり、夜遅くに会議や打ち合わせがあったりして、帰宅するのは日付が変わってからということもしばしばでした。

これでは、夜に学習時間を確保するのは容易ではありません。

そこで、平日に英会話学校の早朝レッスンに毎日通うことにしました。月曜から金曜までの週五日、朝七時半から八時半までのコースを見つけて申し込み、出社前に約一時間勉強するというスケジュールを組んだのです。

朝にスクールのレッスンを入れたのは、自分を逃げられなくするためです。朝の時間を独学にあてることもできますが、それではつい休みたくなるかもしれません。

でも、お金を払ってレッスンを申し込んだからには、意地でも早起きして行くぞという気持ちになります。私はそれほど意志が強い人間ではないので、自分を最も強く縛る学習法をあえて朝に持ってきました。

さらに、往復二時間の通勤電車の中で、ヒアリング教材のＣＤを一心不乱に聞きます。それでも時間が足りず、家から駅まで歩く間も、英語の本とにらめっこしながらヒアリングをしたり、ブツブツと発声練習をしたりしました。まるで二宮尊徳のようですが、これでなんとか一日三時間の学習時間を確保していたのです。

「一日三時間」と聞くと、反射的に「そんなの無理！」と思ってしまうかもしれませんが、人間やればできるものです。

皆さんもまずは「**朝時間＋通勤時間**」を**ベースに、学習時間を確保する**ためのスケジュールを組んでみてください。

戦術

04

一週間の中で帳尻を合わせる。土曜日は調整日、日曜日は休み

学習スケジュールを組む時に、ぜひ守ってほしいルールがあります。

それは「**毎日できるだけ同じスケジュールで過ごす**」ということです。

「月水金は早起きして勉強し、火木はゆっくりしよう」という変則的なスケジュールを組もうとしてはいけません。

そのうち必ず、「今日は水曜だけど、昨日は残業で遅くなったからゆっくりして、代わりに木曜に早起きしよう」と考えるようになります。

でも結局、木曜の朝になると「やっぱり今日はゆっくりしよう」と考えて勉強しない、ということになりがちなのです。

毎日早起きして勉強するのが当たり前になるまで、同じスケジュールで過ごすことが勉強を続ける秘訣です。

「自分は意志が弱くて……」という人ほど、変則的なスケジュールは失敗のもとだと肝に銘じておきましょう。

とはいえ、仕事の都合で朝早く出社しなくてはいけない時もあるし、体調が悪い時もあるでしょう。一年間の学習期間の中では、どうしても予定通り勉強できない時もあります。

そこで土曜日を調整日として、平日に確保できなかった学習時間はここで補うようにしてください。

その代わり、**日曜日はなるべく勉強せず、休養日**とします。

人間が三百六十五日、休みなく走り続けることは不可能ですから、学習にもメリハリをつけることが必要です。結婚している人なら、家族と過ごす時間も必要でしょう。その大事な時間は、日曜日に確保するようにします。

こうして一週間の中で帳尻を合わせれば無理なく学習を続けられますし、学習サイクルを回しやすくなります。

一日三時間という学習時間の目安を決めつつ、**平日でこなせなかったら土曜日で追いつく**。「一週間単位で必ず目標時間をこなす」という意識を持つことが非常に大事です。

なお、学習スケジュールを立てる時は、「どの教材をどれくらいの期間でやるか」も最初に決めたほうがいいでしょう。

「このテキストを三ヵ月でやる」と決めたら、そこから逆算して、一日あたりの学習量を決めます。テキストが三〇〇ページなら一ヵ月に一〇〇ページ、平日は一日に四ページずつ進める計算になります。

こうして四ページずつ勉強して、どうしても平日にこなせなかったら、土曜日にやり残した分を勉強します。時間数だけでなく、学習量でも一日単位の目安を作り、一週間ごとに目標の学習量をこなすサイクルを作ってください。

前日勉強したことを、翌朝に復習する

もう一つ、大事なルールがあります。

それは「一つのことを学んだら、それを繰り返し学習できるようなサイクルを作る」ということです。

私の場合、帰りの電車の中で勉強したことを、翌朝にもう一度復習するようにしていま

した。

つまり「インプット→復習→インプット→復習」のサイクルを毎日回していたのです。私はこれを〝ぐるぐる学習〟と呼んでいます。

記憶を定着させるには、早めの復習が有効であることは科学的にも証明されています。ドイツの心理学者ヘルマン・エビングハウスの実験によれば、人間が記憶したことは、学習から一日後には七四％、一週間後には七七％を忘れてしまいます。

一見すると、二つの数字に大きな差はないように思えます。

ただし、一日後に復習すれば忘れた記憶が短時間でよみがえるのに対し、一週間以上が経過した後では、復習しても完全にはよみがえらない記憶が残るそうです。

よって、完全に忘れないうちに復習をすることが大事なのです。

いったん寝た後で復習することにも、科学的な根拠があります。

人間の脳は、前日にインプットしたことを睡眠中に整理します。そして、目が覚めてから再度その情報を確認すると、記憶の定着がよくなると言われています。

この現象を「**レミニッセンス**」と言います。

2つの「復習サイクル」を回そう

前日に学んだこと→翌朝に復習

平日に学んだこと→土曜日に復習

記憶の定着度がアップする！


だから私も、前日に勉強したことを翌朝に復習するというサイクルを作ったのです。

実際、ぐるぐる学習を習慣化したことで、一度覚えたことは忘れにくくなりました。


ぐるぐる学習は一日の中だけではなく、一週間の中でも回すとより効果的です。

私のおすすめは、**平日に勉強して間違えたところや覚えきれないところがあったら、土曜日に復習する習慣をつける**ことです。

先ほど述べたように、一週間以上経過すると記憶の定着率が低下することに加え、「今週勉強したことは、同じ週のうちにけりをつける」というルールで学習サイクルを回していくと、スケジュールを管理しやすくなります。

「あとでもう一度やろうと思っていたけれど、

いつの間にか忘れてしまった」ということにもなりにくいはずです。

この**「前日→翌朝」「平日→土曜」という二つの復習サイクル**を回していくと、学んだことが着実に頭の中に定着していきます。

せっかく勉強したのに、どんどん忘れていってしまうのではもったいない。

限られた時間の中で最大限の成果を上げるには、〝ぐるぐる学習〟のサイクルを組むのが秘訣です。

戦術
05
アウトプットの時間を、最優先で確保・固定する

第一章で述べた通り、日本人はアウトプットの練習が足りていません。

繰り返しますが、日本人は学生時代にそれなりのインプットがあるので、むやみにインプットの量を増やす必要はないのです。

ですから学習スケジュールを組む際は、何をおいてもアウトプットの時間を最優先で確保してください。

通勤時間や昼休みの学習は、相手がいないのでどうしてもインプットにならざるを得ません。アウトプットの時間は、わざわざ作らなければ確保できないのです。

だからこそ、この予定だけは何があっても動かさないつもりで、「火曜と金曜は英会話学校のレッスンに行く」などと決めて、スケジュールを固定してしまいましょう。

すると「**アウトプットに向けてインプットする**」という**学習サイクル**ができます。

「金曜にアウトプットする」という目標があるからこそ、インプットの質も高まるのです。

私の場合も、毎朝の英会話スクールというアウトプットの場があったからこそ、「明日までに必要な言い回しを覚えなくては」とインプットに集中することができました。レッスンに向かう電車の中でも「今日はこの言い回しを使ってみよう」と考え、レッスンで実際にアウトプットするというサイクルを繰り返していたわけです。

アウトプットの場という短期のゴールを一週間の中にいくつか置いて、それに向けてどんどんインプットをしていくイメージといえばわかりやすいでしょうか。

先ほど「一週間単位で学習サイクルを回すことが大事」と話しましたが、こちらも同じです。

「今週はインプットに集中して、来週はアウトプットを多めにしよう」というのでは、学習サイクルを回しにくくなりますし、アウトプットを習慣化できません。

必ず毎週アウトプットの時間を確保し、**「インプット↓アウトプット↓インプット↓アウトプット」というサイクルを一週間の中でぐるぐる回す。**

それが使える英語を身につけるためには絶対に欠かせない条件です。

戦術06

「いつでもどこでも勉強できます」というものは避ける

では、アウトプットの場はどのように確保すればいいでしょうか。

私は主に英会話学校のレッスンを活用しましたが、現在はオンラインで受講できるeラーニングやスカイプを使った英会話レッスンなど、さまざまなアウトプットの場を見つけることができます。

ただし、選択肢の幅が広がったからこそ、どれを選ぶかには注意が必要です。

私の経験上、これだけは絶対に間違いないと言えるのが、「いつでもどこでも勉強できます」というものは避けたほうがいいということです。

一見すると「忙しい仕事の合間にいつでもできるなんて便利じゃないか」と思えるのですが、そこが大きな落とし穴になります。

「いつでもできる」ということは、「今日でなくてもできる」とも考えられるからです。

「家に帰ったらeラーニングをやろう」と思っても、仕事で疲れていると、「いつでも受講できるから、やっぱり明日でいいや」となってしまう。それが人間というものです。

人間はそれほど意志の強い生き物ではありません。私だって同じです。

だからこそ、アウトプットの場は「この時間と場所でなければ勉強できない」という縛りのあるものを選ぶべきだと思います。

最近はネイティブ講師とマンツーマンで会話ができる「スカイプ英会話」も人気があります。しかしこれも、「申し込みはレッスンの五分前まで可能」といったシステムのものが多く、「いつでもどこでも勉強できるもの」に該当します。もっと前から予約していたとしても、クリックひとつで簡単にキャンセルできてしまうので危険です。

ですから、やはり**日時が固定されているもののほうが、確実に習慣化できる**と思います。

それに、毎回違った講師を選べるものも、あまりおすすめしません。

いつも決まった先生に教わるからこそ、「前回よりうまく話せるようになったところを見せよう」「サボったら気まずいから、疲れているけど頑張ってレッスンに行こう」といったモチベーションが生まれます。マラソンに例えるなら、先生がペースメーカーとなって、自分を引っ張っていってくれるわけです。

スカイプ英会話でも決まった講師を指名することはできますが、毎週決まった時間に必ず予約をとれるとは限りませんし、実際に対面してコミュニケーションをするのとパソコンの画面越しでは気持ちの面で差があります。画面の向こうにいる人に対しては、「先週の予約をキャンセルしたから気まずいな」という感情は抱きにくいのではないでしょうか。

やはり私は、時間と場所が固定されていて、ペースメーカーになる存在が自分を引っ張ってくれるアウトプットの場を選ぶべきだと思います。

私は英会話学校の早朝レッスンを選んだおかげで、毎朝寝坊することなく早起きできました。担任の先生や一緒にグループレッスンを受ける仲間がいたから、「サボるわけにはいかない」とモチベーションを維持できたのです。これが「毎朝一時間、自宅でeラーニングをやろう」という学習計画だったら、おそらく続かなかったでしょう。

「いつでもどこでも勉強できる」という誘惑に惑わされず、「この時間はこの場所でアウトプットする」というパターンをかっちりと固定してしまうことが、結局は無理なく学習を習慣化することにつながるのです。

戦術07
「勉強仲間」はモチベーション維持に不可欠

先ほど少し触れましたが、英語を共に学ぶ「勉強仲間」を作ることも、モチベーションを維持するうえで非常に有効です。

私が毎朝通っていたのはグループレッスンだったので、他に六人の生徒がいました。そして私を含めた七人全員が、一年後には「使える英語」をマスターしたのです。

最初はみんなＴＯＥＩＣ五〇〇点レベルのごく普通の英語力でした。

でも英会話学校の早朝レッスンに週五回通うくらいですから、他の生徒も私と同様、「必ず英語を話せるようにならなくてはいけない」という切羽詰まった人たちばかりだったのは間違いありません。

もともと私も追い込まれていたとはいえ、そんな人たちに囲まれていれば、「自分だけ英語をマスターできなかったらみっともないぞ」という意識が芽生えて、ますます勉強に熱が入るようになりました。

きっと、他の六人も同じ心境だったのでしょう。だから誰一人として脱落することなく、高いモチベーションのまま、一年間の勉強を続けられたのだと思います。

周囲との競争意識が芽生えると、自分のやる気も高まるという経験は、皆さんもしたことがあるのではないでしょうか。

学生時代にクラスメイトがテストで良い点をとると、「あいつには負けられないぞ」と思ったりしませんでしたか？

社会人になってからも、同僚が英語の勉強を始めたことを聞いた途端、「自分も頑張らなくては」と俄然《がぜん》やる気が湧いてきたことがないでしょうか。

人間というのは、切磋琢磨《せっさたくま》する相手がいると、自然にモチベーションが高まるものだということです。

そしてもうひとつ、仲間を作るメリットがあります。

それは、**英語学習の悩みを相談したり情報交換したりする相手ができる**ことです。

レッスンではネイティブの先生が指導してくれますが、当然ながらネイティブは英語を習得するのに苦労した経験がありません。

だから日本人が英語を学ぶ時にどんなところでつまずき、何を難しいと思っているのかは、ネイティブにはなかなか理解できません。「英語を学ぶ時に使う日本語のテキストはどんなものがいいか？」といった情報も当然持ち合わせていません。

そうなると、頼りになるのは日本人の勉強仲間ということになります。

同じような思いで勉強し、試行錯誤しているからこそ、「ここに気をつけるとヒアリング力がより向上するよ」「このテキストはわかりやすくておすすめ」といった、本当に役立つ情報を得ることができます。

一年間勉強を続ける中で、こうした仲間はとても心強い存在になるはずです。

ハードな学習の場を選べば、意識の高い仲間と出会える

余談ですが、今でもこの六人とは交流が続いています。その後、海外へ留学したり、英語を使う仕事に転職したりと、六人それぞれに夢を叶えました。

早朝レッスンに通っていた頃、たまに一緒に飲みに行っては、「オレは絶対にアメリカに留学したいんだ」「オレだってこのままだとクビになっちゃうから、絶対に英語を使えるようになるぞ」などと語り合ったものです。

ずっと一人で勉強をしていると、「本当に英語が使えるようになるのだろうか」と気弱

になる時もありますが、こうして目標を語り合える相手がいれば、また気持ちを立て直して勉強に臨むことができます。

ですから皆さんにも、ぜひ学習仲間を作ることをおすすめします。

私は英会話学校で仲間を作りましたが、もちろん別の場所で探しても構いません。

今は英会話サークルや英会話カフェなど、英語を勉強する人たちが集まる場もいろいろあります。そこに参加するのも一つの方法でしょう。

その場にネイティブの人がいなくても構いません。日本人同士でも、アウトプットすることに意味があるからです。

ただし、参加する日時は固定したほうがいいでしょう。前述した通り、アウトプットの時間は固定化したほうがいいからです。

この場合も「毎週水曜日の夜は英会話サークルに参加する」といったように、一週間の中でアウトプットを習慣化できるように予定を組んでください。

でも個人的には、気軽な趣味として活動している人たちよりも、多少なりともヘビーに勉強している人たちと出会ったほうが刺激になると思います。

先ほども言ったように、私が通っていた週五日の早朝コースというのは、よほど追いつめられた人でなければ選ばないはずです。だからこそ、非常に意識の高い仲間と出会うことができました。

この仲間たちと一緒に、一年間脱落せずにレッスンを続けることさえできれば、絶対に自分は英語を使えるようになる。そう確信できるほど、ベストな仲間たちに囲まれていたと今でも思います。

一年をともに戦い抜く仲間と出会いたいなら、あえてハードなアウトプットの場を選んでみてはいかがでしょうか。

そもそも、あなたの人生にとって英語は必要か？

ここまで読んでみて、皆さんはどう感じたでしょうか。

「この学習計画なら自分にも続けられそう！」

そう思ってくださった人は、さっそく第四章に進んでください。具体的な英語のトレーニング法をご紹介します。

「仕事が忙しいし、家族との時間も作りたいし、本当にそこまでして英語を勉強する必要があるのかな？」

一方で、そんな迷いが残っている人もいるでしょう。

社会人が貴重な時間を投資する対象として、そもそも英語が適当なのか。

そんな疑問に立ち返るのは悪いことではないはずです。そこをはっきりさせないで、なんとなく英語の勉強を始めても、結局は身につかないでしょう。

そこで、英語を学ぶことが人生にとってどんな意義があるのか、私自身のことを振り返りながら考えてみたいと思います。

私が英語をマスターしてよかったと思う瞬間はたくさんあります。

海外の人たちとコミュニケーションできるようになって、日本国内では得られない情報や知識、ビジネスチャンスを手に入れやすくなりました。

私の会社と「ウォール・ストリート・ジャーナル（ＷＳＪ）」が共同で英語学習アプリを開発するといったビジネスを実現できたのも、私が英語を使えるようになって、海外の情報や人脈にアクセスしやすくなったことが大きな要因です。

英語を使えない人が得られないものを、得られるようになる。それはビジネスをする人間にとって、大きなチャンスになります。

つまり、**自分のプロフィールに「英語ができる」という一点が加わるだけで、周囲から与えられる機会は飛躍的に増える**ということです。

それらの機会を手にしていなかったら、今の私はないと思いますし、英語は間違いなく私の人生にとって必要なものだと断言できます。

会社に勤めている人たちも、きっと同じではないでしょうか。

海外に関するプロジェクトが立ち上がった時、あなたが英語を使えなければ、メンバーの候補に挙がる可能性は低いでしょう。でも多少でも英語を使えれば、抜擢《ばってき》の可能性が出てくるのです。

もちろん、英語以外にも求められる条件はあると思いますが、少なくとも英語が使えれば、選ばれる可能性はゼロではなくなります。この〝ゼロから一への変化〟は、人生において非常に大きな意義があるのではないでしょうか。

逆に言えば、あなたにいくら仕事の実力があっても、英語ができないだけでメンバーの選考からもれてしまうことがあるのです。**経験やスキルでは自分のほうが上なのに、自分より仕事ができない人にチャンスを奪われてしまう……**それはとても悔しいし、あまりにももったいないことではありませんか？

英語を勉強する明確な理由が見つからない時は？

ただ、「いつか海外のプロジェクトに入れるかも」という程度のあいまいなイメージでは、英語学習のモチベーションを維持するのは難しいだろうと思います。

本当に大事なのは、「自分は何をやりたいのか」をとことん考えてみることではないでしょうか。

「自分はどんな生き方をしたいのか」「自分はどんなビジネスを手がけたいのか」

それが自分のなかではっきりしないと、英語を勉強する理由も見つからないからです。

それでも、まだ若い人の中には、「自分が何をやりたいのかはっきりしない」という人もいるかもしれませんね。社会に出たばかりの人なら、まだ具体的なビジョンが見えないのも仕方ないかもしれません。そんな人は、自分の周囲を見渡してください。

「あんなふうになりたい」と目標にしている人や、カッコいいなと憧れている人はいませんか？　もしいたら、その人が仕事で英語を使うことはあるか、過去に英語を勉強したことがあるかを聞いてみましょう。

答えがイエスなら、あなたがその人のようになるには、やはり英語を勉強して仕事で使えるようにしておくべきだということです。

身近にいなければ、ビジネスの世界で成功している人や感銘を受けた本の著者などでも構いません。それこそ、「孫社長のようになりたい」でもいいでしょう。もしそうなら、やはり孫社長と同じくらいには英語を話せるようになる必要があるということです。

ロールモデルとなる人を見つけて、その人の生き方や働き方から、英語を勉強する理由を探るというのも一つの方法だと思います。

もしあなたが学生であれば、「理由を考えるのは後回しでいいから、とにかく英語は勉強しておきなさい」とアドバイスするでしょう。学生は勉強するのが仕事ですから、好きなだけ英語の勉強に時間を費やせばいいと思います。

でも社会人の場合は、そうはいきません。

社会人の本分は仕事で成果を出すことであり、まずはそれが最優先です。英語を使わなくても成果を出したり、自分の夢や目標とする仕事ができたりするのであれば、その人にとって英語を勉強する理由はないのかもしれません。

理由もなく始める勉強は、長続きしません。

社会人にとって貴重な時間を投資するからには、自分自身が納得できる理由を見つけることが不可欠です。だからこそ、ここで改めて一度、「そもそも自分の人生にとって英語は必要か？」と自らに問いかけてみてほしいのです。

英語ができるようになるだけで、チャンスの幅が劇的に広がる

先ほどは「個人の人生」という視点から、英語を学ぶ意義について考えてみました。

でも考えてみれば、個人の意志にかかわらず、英語が必要となる人生が待ち受けている可能性もないわけではありません。「英語を勉強したくはないけれど、英語を使わざるを得ない」という状況がやってこないとは誰にも言い切れないでしょう。

「確かにこれだけグローバル化が進めば、自分の会社が外資系企業に買収されて、上司が外国人になったり、社内の公用語が英語になったりすることだってあるだろうな」

そうした危機感を抱いている人は少なくないかもしれません。

でも私は、もっと本質的なところから、社会の変化を捉える必要があるのではないかと考えています。

私たちを取り巻く環境を変化させているもの、それはテクノロジーの進化です。

あらゆる技術がデジタル化されたことで、社会やビジネスの構造から人やお金の流れまでが劇的な変化を遂げました。そして、その変化が今後も止まることなく続いていくのは間違いありません。

例えばウォークマンの時代は、製品の裏側を開けてみると、小さな部品がぎっしりと埋め込まれているのを見ることができました。必要な部品を細かく組み合わせ、カセットサイズに詰め込みながら正確に作動させる技術を持っていたからこそ、日本のメーカーは競争力の高い製品を生み出すことができたわけです。

ところが今、iPhoneやiPadの中を開けても、部品はほとんど見当たりません。入っているのは、プリント基板だけ。昔は部品を組み立てて作っていたものが、デジタルプリントの技術によって一枚の板に転写され、それを入れておけばOKというシンプルな作りになっているのです。

これはつまり、版下さえあれば、いくらでも安く大量に製品を作れるということです。日本が得意としてきた熟練の技術によるものづくりも成立しなくなります。日本人のベテランの職人がいなくても、アジアの工場で経験の浅い若者たちが簡単に製品を組み立てることができてしまうからです。こうなると、製造ラインは人件費の安い国外へどんどん出ていってしまいます。

インターネットによって世界が簡単につながるようになった今、こうした動きは、製造業だけでなく、ほかの業界でも次々と起こってきています。そのうち、**日本国内だけで完結する仕事というのは、ごく限られたものだけになっていく**でしょう。

その時、何が必要になるか。

そう、コミュニケーションの手段としての英語です。

この問題はすでに、「この変化はいいことか、悪いことか」という議論をする段階ではなくなっています。これはテクノロジーの進化による不可避な未来であって、変えられない現実なのです。

日本では不可能なことも、海外へ出れば可能になる

一方、こうした変化は大きなチャンスでもあります。

少し前では、大企業でなくては世界を相手にビジネスするのは困難でした。ところが今は、予算や人が潤沢ではない中小企業やベンチャー企業でも、すぐれた製品・技術・アイデアさえあれば、いくらでも世界に打って出ることができます。

例えば「Cerevo（セレボ）」というベンチャー企業は、パソコンがなくても映像をインターネットで配信できるカメラや機材を自社で開発・製造しています。販売も自社サイトやAmazonを通じて行うので、欧米や中東など世界各地から直接注文が入るそうです。設立から十年にも満たない小規模な会社でも、すでに国境を越えてビジネスを展開しているのです。そうなれば当然、海外との取引に英語が必要になります。「英語ができないから、取引はお断りします」などということはあり得ないわけです。

新しいビジネスを始める際の資金調達も、海外に目を向ければチャンスが一気に広がります。

私の知人が立ち上げた「サイジニア」という会社は、「複雑系ネットワーク理論」を活用したレコメンデーション技術を提供するＩＴ企業ですが、当初は日本国内での資金調達がうまくいかずに苦労していました。そこで思い切ってシリコンバレーに乗り込み、アメリカのベンチャーキャピタルにプレゼンをしたところ、資金調達に成功したのです。

二〇一二年度で比較すると、アメリカのベンチャーキャピタル投資額は二兆五三六五億円。一方、日本の投資額は一〇〇〇億円に留まっていて、その差は約二五倍にもなります。

日本だけで閉じていたらあきらめるしかないことも、海外へ飛び出せばビジネスになる可能性が何十倍にも広がるということがおわかりいただけたでしょうか。

ただしこの場合も、やはり英語がカギになります。

アメリカの出資者の前でプレゼンをするのに、通訳を使うわけにはいきません。多額の出資をお願いするのに、自分の言葉でビジョンや熱意を語れないようでは、出資者もお金を出したいとは思わないでしょう。

ビジネスの場であっても相手は同じ人間です。やはり、自分の言葉で〝人間対人間〟の話し合いができるということは、国や文化が違う者同士だからこそ非常に重要なのです。

「自分は独立も起業もする予定がないから関係ない」とは思わないでください。

日本国内の約一億人だけを相手にしているのと、世界の七〇億人を相手にしているのとでは、当然ながらビジネスの規模にとてつもなく大きな差が生まれます。人口減少で国内市場はさらに縮小していきますので、その差はより広がっていくでしょう。

今後はどんな企業も、海外に販路を開いたり、外国から資金調達をしないと生き残れなくなる可能性が極めて高くなります。そして会社も社員に対し、そうした仕事をこなせるだけのスキルを求めるようになるでしょう。その時、必須となるのが英語力です。

皆さんが英語を勉強するかしないか、それは皆さんの自由です。私も「英語を勉強するのが正しい」という考えを押しつけるつもりはありません。

ただ、こうした時代の変化を理解した上で、「じゃあ、自分はどうするか？」を考えてみてほしいのです。その上で、本当に納得できる答えを出してもらいたいと思っています。

英語が使えれば、世界は一気に狭くなる

皆さんは「スモール・ワールド現象＝狭い世界現象」という考え方をご存じでしょうか。

社会心理学者のスタンリー・ミルグラムが提唱したもので、「共通の知り合いを六人介せば、世界中の誰とでもつながれる」という仮説がもとになっています。

もし皆さんが「オバマ大統領と会って話がしたい」と思ったら、知り合いの知り合いを辿っていけば、六人目にはオバマ大統領に行き着くということです。

しかも今は、ＳＮＳなどを使えば世界中の人とすぐにつながる時代です。世界は皆さんが思っている以上に狭くなっているのです。

ただし、オバマ大統領に会うからには語るべき内容を持っていなくてはいけないでしょう。そして、コミュニケーションの道具として英語を使えなくてはいけません。

逆に言えば、語るべき内容があって、英語を使えれば、世界中の誰とでもつながれるということです。

孫社長はまさにそうやって人脈を広げてきました。ビル・ゲイツやスティーブ・ジョブズなど、世界の名だたる人たちと関係を築くことができたのも、孫社長がビジネスについて語るべき内容を持ち、英語を使って自分の言葉で熱く語ってきたからです。

「日本に住んで、日本の会社で働いているのだから、海外の人やビジネスのことなんて自分には関係ない」

そう決めつけてしまうのは、自分が持つ無限の可能性にふたをすることになってしまいます。**人生のチャンスを限りなく広げるための手段として、英語という道具がある。**そう考えれば、英語を学ぶ本質的な意義が見えてくるのではないでしょうか。

CHAPTER.4

第4章

学習ジャンル別・最短最速のトレーニング法

教材・スクール選びから
IT活用まで

この章では、ヒアリング、スピーキング、ライティングといった学習ジャンル別に、具体的なトレーニング法をご紹介します。

ここでも、ポイントは「最短最速」と「超目的思考」。できるだけ速く効率的に、ゴールに到達することを目指します。

よって、繰り返しになりますが、自分の目的に合った学習をすることが大前提です。

各ジャンルについて触れますが、「自分はライティングがまったく必要ない」というなら、スピーキングとヒアリングの学習に集中してください。

反対に、「自分が英語を使うのは、メールのやりとりだけ」という人は、ライティングの学習に集中すればいいでしょう。しかもライティング全般ではなく、メールの書き方だけに絞って勉強し、その道を究めればいいと思います。

教材についても、あれこれ手を出さず、絞りに絞り込むのが鉄則です。

私が使ったのも、英語の交渉で使う会話例が収録された薄い本一冊と、映画一本とそのスクリーンプレイ一冊のみ。たったこれだけです。

それでも一年間でビジネスに必要な英語をちゃんとマスターできました。その方法とコツを詳しく解説していきましょう。

正しいやり方で
着実に力をつけよう！

POINTS OF CHAPTER.4

上達スピードを加速させる学習法

ヒアリング 01 聞き流しているだけでは絶対聞けるようにならない

ヒアリング 02 テキストとにらめっこで、音とスペルをひもづける練習をする

ヒアリング 03 教材は一つに絞る。イチ押しは好きな映画！

ヒアリング 04 ただ聞くだけでなく、シャドーイングをするのがミソ

スピーキング 01 厳選した一冊を丸暗記し、最低限の言い回しをマスター

スピーキング 02 「発音」は捨てて、「発声＋リズム」にこだわる

スピーキング 03 スクール選びのコツ

スピーキング 04 自宅の電話で受験可能な「ヴァーサント」は超おすすめ

ライティング 01 英文メールは「テンプレート」をフル活用

ライティング 02 英文添削サービスは「ジンジャー」がおすすめ

リーディング 「全体を機械翻訳→必要なところだけ精読」でＯＫ

ヒアリング
01

聞き流しているだけでは絶対聞けるようにならない

使える英語をマスターする上で、ヒアリングは極めて重要です。

「仕事で英語を使うのはメールや資料を読む時だけ」という一部の人をのぞけば、おそらくほとんどの人が「英語で会話すること」を目的にしているはずです。当然ですが、相手の話を聞き取れなければ、会話は成立しません。

とはいえ、日本人の多くはヒアリングが苦手です。

かく言う私もその一人でした。前述したように、孫社長の海外出張に初めて同行した時は、周囲の人たちが何を話しているのかまったく聞き取れず、真っ青になりました。

でも、そこから勉強を始めて、約半年後には相手の話す英語がほぼ聞き取れるようになったのです。ヒアリング力については、ゴールとしていた一年を待たずに、かなりの向上を実感できました。

今ではネイティブとの会議や交渉の場でも、問題なく会話を聞き取ることができます。

通訳がつくと、むしろ「まどろっこしいから直接やりとりさせてくれ」と思うくらいです。

私がどんなトレーニングをしたのか説明する前に、いくつかお伝えしておきたいことがあります。

まず確実に言えるのは、垂れ流しで英語のシャワーをいくら浴びても、ヒアリング力は向上しないということです。**ＢＧＭのように聞き流しているだけで、ある日突然、英語が聞き取れるようになった！……なんてことは起こりません。**

まったく意味がないとは言いませんし、聞かないよりは聞いたほうがいいかもしれませんが、あまりにも効率が悪すぎます。

「アメリカ人の赤ちゃんだって、英語のシャワーを浴びて言葉を覚えるじゃないか」

そんなふうに言う人がいますが、赤ちゃんが英語で会議を仕切れるようになるまで何年かかるでしょうか。少なくとも、一年などということは絶対にあり得ないでしょう。

そもそも、言葉に関する知識がゼロの状態の赤ちゃんと、すでにある程度のインプットがある日本人の大人では、学習の条件がまったく異なります。

何度も言っているように、皆さんの中にはすでにある程度の単語や文法などの知識があります。であれば、その知識を耳から入ってくる音に結びつけながら聞いたほうが、学習効率ははるかに高まるはずです。

「なるほど、今聞いている音はこのスペルを表しているのだな」というように、音と知識を結びつけるから、英語で何を言っているのか理解できるようになるのです。

そう考えれば、英語をシャワーのように聞き流すという学習法がいかに非効率的かわかっていただけるのではないでしょうか。

そしてもう一度思い出してください。皆さんには目的があるはずです。仮に英語で交渉することが目的なら、交渉の場でよく使われる言い回しばかりを集めた教材を聞く。そうやって「超目的思考」に徹するからこそ、英語を短期間で聞き取れるようになるのです。

逆に、英語で交渉をしたいと思っている人が、まったく関係ない旅行の会話集や文学作品の朗読を聞いても、勉強に身が入らないことは皆さんも想像がつくはずです。**本当に自分にとって必要な英語でなければ、いくら耳に入ってきても集中できません。**

目的に合った教材を集中して聞く。それがヒアリング力を短期間で向上させる基本原則だということを、まずは理解していただきたいと思います。

ヒアリング
02
テキストとにらめっこで、音とスペルをひもづける練習をする

そもそも、日本人はなぜ英語を聞き取れないのでしょうか。

単語を知らない、あるいは文法を理解していないからでしょうか。

たしかに、「discount（割引する）」という言葉がまったく頭になければ聞き取れません し、一つひとつの単語を聞き取れても文法を知らなければ文章全体の意味をつかむことはできません。

ただ、受験勉強をした人であれば、単語はある程度知っていますし、文法がまったくわからないわけでもありません。しかも、ビジネスの会話では、受験勉強のような難解な単語や、ややこしい文法はまず出てきません。つまり、読めばわかる英文ばかりなのです。

でも、聞き取ることはできない。それはなぜでしょうか。

私はヒアリングを学習してみて、主に二つの原因があることに気づきました。

一つは、日本人は子音がほとんど聞き取れないこと。もう一つは、英語のリズムをなかなかつかめないことです。

日本語というのはすべて母音が入っています。たとえば、「さくら」なら「sa-ku-ra」となり、どの音も母音とペアになっているわけです。

ところが、英語には子音だけの音が存在します。そしてネイティブが話す時は、その子音が消失することがよくあるのです。

例えば「hot」という単語は、日本人は「ホット」という音になると認識しています。でも実際にネイティブが話すと、これが「ホッ」と聞こえる。子音の「t」が消えたように感じるのです。耳から入ってくる「ホッ」という音と、自分が知識として持っている「hot」というスペルが結びつかないので、途端に日本人は混乱してしまいます。日本語にはない現象なので、それも仕方ないでしょう。

その上、単語同士の音が連結する「リエゾン」という現象もあります。

例えば「talk about」なら、「k」と「a」が連結して「トーカバウ」と聞こえます。さらに、最後の「t」は消失します。

これを「トーク　アバウト」という音だと認識していると、自分の中にある「talk about」というスペルと結びつかず、聞き取れないと感じてしまうのです。

もう一つのリズムの問題も、なかなかやっかいです。

日本語と英語のリズムの違いを表す最も象徴的な単語は何だと思いますか？

それは「McDonald's」です。

日本人はこれを「マクドナルド（ma-ku-do-na-ru-do）」と六拍のリズムで発声します。

しかしネイティブの場合は、「Mc-Do-nald's」と三拍になります。あえてカタカナで書くなら、「マクーダァーナルズ」となるでしょうか。

しかも、最初の「M」は非常に小さく発声し、「D」は強く発声しますから、日本語の「マクドナルド」とはイントネーションもまるで違います。

日本語のように、すべての音に母音がついて、一拍ずつ平坦な音で話し続けるという言葉のほうが世界の中では特殊なのです。

よく「What time is it now?」は、日本語で「掘ったイモいじるな」と言えば通じると言いますが、あれはリズムが合っているからです。だから発音自体は多少おかしくても、ネイティブには通じるのだと思います。一つひとつの音の発音の正確さよりも、音の長さや速さ、緩急といったリズムを合わせるほうがじつは大事なのです。

音声を聞く時は、必ずテキストを見ながら

ではどうすれば、この子音とリズムの問題をクリアできるのか。

私が出した結論は、「音とスペルを結びつける作業を徹底的に繰り返す」ということです。

「耳から入ってくる音と自分の中にある知識を結びつけるから、何を言っているのかわかるようになる」とお話ししましたが、それを実際のトレーニング法に落とし込んだのです。

とはいえ、やることは至ってシンプルです。

音声を聞いたら、正しく聞き取れたかどうかテキストで確認し、また音声を聞く。これを何度も繰り返すだけです。でも、これを続けていくうちに、耳から入ってくる音とテキストに書かれたスペルを、頭の中でひもづけられるようになります。

最初は当然、聞き取れるところと聞き取れないところがあります。

だから聞き取れないところがあれば、テキストに戻ってスペルを確認します。

「全然知らない単語に聞こえたけれど、文字で見たら『talk about』じゃないか」と理解

できるわけです。

それをわかった上で、また同じ箇所を聞いてみる。それを繰り返すうちに「talk about＝トーカバウ」のひもづけができるようになります。

ワンフレーズ聞いたら音声を止めて、聞き取れなかったところに戻り、テキストで確認して、また同じフレーズを聞く。そうやって何度もしつこく繰り返すことでしか、ヒアリング力を向上させることはできません。


ヒアリングの練習というと、何も見ないで音声を聞くことだと考える人も多いようですが、私はそれでは意味がないと思っています。単に「聞き取ること」ではなく、「聞こえてきた英語を理解すること」がヒアリングを練習する目的だからです。

それには、「自分が今聞いているのは、この単語や文章なんだな」というように、音とスペルをひもづける練習が欠かせません。そうやって照らし合わせるからこそ、「hot」が「ホッ」になったり、「talk about」が「トーカバウ」になったりすることが、頭の中で結びつくのです。

ヒアリングの練習をする時は、テキストとにらめっこしながらやりましょう。

ヒアリング
03

教材は一つに絞る。イチ押しは好きな映画！

第一章で話した通り、教材をつまみ食いしてはいけません。

ヒアリング教材は、一つに絞りましょう。

そして、その一つを徹底して聞きます。出てくる単語や構文の意味はすべて覚え、耳から入ってくる音を完全な文章として理解できるまで繰り返し聞き、最終的には全文をそらで暗唱できるまで聞き込んでください。

「本当に一つだけで大丈夫だろうか？」

そんな不安がよぎるかもしれませんが、ここまで徹底して聞いて、一つの教材をすべて暗記するまでやれば、音とスペルをひもづけるスキルは相当にアップします。

先ほども述べたように、英語を聞き取れないのは単語や文法がわからないからではありません。わかっているのに、聞き取れないことに問題があるのです。

だから、いろいろな教材を聞いて多くの言い回しに触れることよりも、一つの教材を何度も聞いて、「自分が聞いている音はこのスペルなのだ」と頭の中で結びつけるトレーニングを積むほうがはるかに有効です。

私もヒアリングの教材は一本の映画しか使いませんでしたが、それでも半年後には、仕事で会うネイティブの英語がほとんど聞き取れるようになりました。

それは私の〝ひもづけ力〟が向上したからです。

ヒアリングについては、「**インプットは大量に、ただし教材は少数精鋭で**」というのが絶対ルールです。


では、どんな教材を選べばいいのでしょうか。

一つに絞り込むのだから、ここは非常に重要です。

私が選んだのは、**映画『ウォール街』のテープ**でした。

さらに「スクリーンプレイ」（http://www.screenplay.jp）から出ていたシナリオ本をテキストとして使いました。このシナリオ本には、すべての台詞と日本語訳が掲載されています。

これを毎日、通勤電車の中ですべての台詞を暗記するまで繰り返し聞いたのです。

この映画を選んだ理由は、ビジネスの現場が舞台で、かつ主人公が働いているのが金融業界だったこと。私は当時、企業買収の案件に関わることが多く、外資系の投資銀行と交渉する機会も増えていたので、この映画のシチュエーションはまさにうってつけでした。

私が求めていた交渉のシーンも満載で、非常に役立つ教材だったのです。

登場人物に共感すると音にも集中できる

このように、自分の目的に合っていれば、いわゆる英会話教材にこだわる必要はありません。

むしろ個人的には、ぜひ皆さんにも映画をおすすめしたいくらいです。

映画が教材として優れている点は、シチュエーションがわかるということです。

ストーリーを追っていれば、その場面で登場人物がどんな状況に置かれ、どんな思いや背景を持って話しているのかがわかります。

すると台詞を聞く時も、「こういう思いを相手に伝えたくて言っているんだな」と理解しやすくなります。時にはまるで自分がその登場人物になったような気持ちで、台詞を聞くこともあるでしょう。

そうやって登場人物に共感したり、思い入れを持ったりしながら聞いていると、音に集

私が使った教材①

映画『ウォール街』のスクリーンプレイ

この映画をヒアリング教材に選んだ理由は、ビジネスの現場が舞台で、かつ主人公が働いているのが金融業界だったこと。当時、企業買収の案件に関わることが多く、この映画のシチュエーションはまさにうってつけでした。
そこで、「スクリーンプレイ」から出ていたシナリオ本をテキストに使い、毎日通勤電車の中で映画の音声テープを繰り返し聞きました。私が使ったヒアリング教材はこれだけ。でも、これをすべての台詞を暗記するほど聞き込んだおかげで、半年後には、仕事で会うネイティブの英語をほとんど聞き取れるようになったのです。

中できて内容も覚えやすくなります。

ちなみに私も、チャーリー・シーンが演じる若手金融マンに共感しながら聞いていました。そして、マイケル・ダグラス演じる主人公の投資銀行家は、ちょっと孫社長に似ているところがありました。だから余計に感情移入できたのかもしれませんね……。

ですから、ビジネスで使える英語を身につけたいなら、**できるだけ自分の仕事の状況に近いシチュエーションの作品を選ぶ**のがおすすめです。

皆さんも、これまで字幕付きで見た映画で、自分の身に置き換えて共感しながら見た作品があるのではないでしょうか。その中から、自分の目的に合ったものを選ぶとよいでしょう。

ただし、アクション映画のようにビジュアルで視覚的に楽しむ要素が多いものは、当然ながらヒアリングの教材には向きません。それよりも、台詞が楽しめてドラマ性のあるものがよいと思います。

また、台詞が標準的な英語のものを選びましょう。主人公が地方の出身でなまりが強かったり、スラングばかりというものは避けてください。

もう一つ、映画のよいところは、ネイティブが日常会話で使っているスピードの英語を聞けることです。

ヒアリング教材には、「初心者はまずゆっくりした英語を聞いて耳をならしましょう」とうたっているものがありますが、私は**日常会話レベル以下のスピードのものを聞いてもあまり意味がない**と考えています。

ビジネスの現場で会話する時、「相手が日本人だからゆっくり話してあげよう」などと気を使ってくれるネイティブはまずいません。であれば、ネイティブが普段使っているのと同じスピードの音とひもづけたほうが、実践的だし効率的です。

「ゆっくり↓速く」と徐々にスピードを上げることに意味がないなら、余計なステップを踏む必要はありません。最初からネイティブが使うスピードを聞いて、最短最速でヒアリング力を高めましょう。

ヒアリング教材は「音声＋紙のテキスト」がおすすめ

「仕事で英語を使うなら、ビジネスの世界で活躍する人たちのスピーチ集やインタビュー集なども実践的な教材になるのでは？」

そう質問されることがあります。

最近は、世界の著名人のプレゼンを動画で配信している「TED」（https://www.ted.com）などをヒアリング教材として使っている人も増えているようです。

もちろん、英語の音に触れるという意味ではよいのですが、こうした動画を教材にするには決定的に欠けているものがあります。

それは、テキストです。

「TED」のプレゼンを文字に起こしたテキストを入手できるなら問題ありませんが、そうでなければ「音とスペルをひもづける」という作業ができません。その他のスピーチやインタビュー集なども同様です。

やはり**ヒアリング教材には、テキストが必須**です。個人的には、紙になったテキストを入手できるとベストだと思っています。

最近はパソコンやスマートフォン上で映像を見ながらシナリオが読める「**超字幕**」(http://www.sourcenext.com/product/chj/)のような教材も出ています。

外出先でもスマホ一つで勉強できるのは便利ですし、手軽さを優先してこうした教材を選ぶのも、もちろんよいと思います。

でも、**紙のテキストが手元にあると、意外と助かる**のです。

「あれはなんて言うんだったかな?」とふと思い立った時に、紙ならパッと開いて確認できます。スマホの画面を立ち上げて、アプリを起動して、該当する台詞のところまで映像を巻き戻して……といった手間が必要ありません。スキマ時間にちょこちょこと復習する時などは、これが非常に使い勝手がいいのです。

間違いやすいところに線を引いたり、気づいたことを直接書き込めたりするのも紙のよいところです。

私自身の経験からも、ヒアリング教材は「音声＋紙のテキスト」がおすすめです。

ヒアリング

04

ただ聞くだけでなく、シャドーイングをするのがミソ

ヒアリングの訓練をしているはずが、仕事のことや家事のことなどをつい考え始めて、ハッと気がついたらBGMになっていた……。そんな失敗をしたことがある人は少なくないはずです。でも安心してください。集中力を持続させる良い方法があります。

それが「シャドーイング」です。

これは、耳から聞こえてくる音を、少し遅れて影（シャドー）のように追いかけながら口に出す練習法です。

聞き取れないものは口に出せませんから、**シャドーイングをすると、よりいっそう耳から入ってくる音に集中する**ようになります。

ワンフレーズごとにシャドーイングをして、聞き取れなかったところに戻り、テキストで確認したら、また同じフレーズをシャドーイングする。

これを徹底的に繰り返してください。

私も毎朝、駅まで向かう道すがらテキストを開きつつ、ブツブツ口に出してシャドーイングするのが習慣でした。

通勤電車の中でも、人の迷惑にならない程度の小さな声でブツブツ言っていたほどです。周囲の人にはちょっと気味悪がられていたかもしれませんが……。

英語特有のリズムは、体で覚えるしかありません。お手本を真似して口に出してみることでしか、英語のリズムをつかむ方法はないのです。

子音の消失やリエゾンも同じです。

英語の本には、リエゾンの仕組みを丁寧に解説しているものもあります。「t＋母音」なら「**just a moment**（ジャスタ モーメント）」のように音が連結する、「t＋子音」なら「**sit here**（シッヒア）」のように「t」が消失する……といったものです。

もちろん、基本的なルールを理解しておくのは悪いことではありませんし、最初にざっと押さえておくのもよいでしょう。

ただし、基本的なルールを知っても、個別の音の消失や変化は、やはり一つひとつ体で覚えていくしかありません。「『t＋母音』なら音が連結する」と頭でわかっていても、耳から入ってくる音と結びつかなければ、結局は何を言っているのか理解できないからです。

一見すると地味で遠回りに思えるかもしれませんが、これ以外に「子音」と「リズム」の問題をクリアする方法はありません。

お手本と同じように口に出せるまで、シャドーイングを繰り返すトレーニングを続ければ、ヒアリング力は確実かつ急速にアップします。トレーニングを始める前はネイティブの会話がまったく聞き取れずに真っ青になっていた私でさえ、**わずか半年でビジネスの場では聞き取りにほとんど困らないレベルになれた**のですから。

今の段階でヒアリング力がゼロだという人も、教材を一つに絞ってシャドーイングを繰り返してください。すべての台詞を完全に理解できるようになれば、もうヒアリングで困ることはありません。

ちなみに、シャドーイングは英語を口に出す練習ですが、あくまでもヒアリング力向上のために行うものです。スピーキングについては、別途トレーニングをして鍛える必要がありますので、次からはそちらを解説していきます。

スピーキング
01

厳選した一冊を丸暗記し、最低限の言い回しをマスター

最初にお話しした通り、社会人の英語学習はヒアリングとスピーキングが二本柱です。ヒアリングと並行して、スピーキングも鍛えましょう。

こちらについても、まずは教材を一つに絞ります。

ひと口にスピーキングと言っても、その人の目的によって学ぶべき内容は異なります。英語でビジネス交渉をしたいのか、それとも電話対応がしたいのか、外国人上司とコミュニケーションをとりたいのか。それぞれの目的に合った教材を選ぶ必要があります。

「基本の言い回しを覚えてから、段々と実践的なレベルに高めていこう」などと回り道をしている余裕は残念ながらありません。**最短コースの直線距離でゴールに到達できるベストの一冊を探し出す**ことがまず重要です。

私の場合はとにかく英語でビジネス交渉ができるようになるのが目的でしたから、それ

に合った教材を探しました。

当時のソフトバンクでは、大型プロジェクトについては孫社長が自ら交渉の席につきましたが、大枠の条件を決定した後に細部を詰める作業や交渉相手との調整は私の仕事でした。例えば、日本債券信用銀行（現・あおぞら銀行）を買収するという話が出たら、孫社長に「海外の投資銀行と出資条件について詰めてきて」と言われるわけです。

日本語でも難しい交渉を、いきなり「英語でやれ」と言われたわけですから最初は呆然《ぼうぜん》としましたが、「できません」と言うわけにもいきません。

私は実際の交渉の場で使える生きた言い回しが一冊にまとまった本はないかといろいろと探し回って、結局、『初めての英語ネゴシエーション』（たなか桂子＆たなか暁子著／語研／一九九七年刊／現在品切れ）という本をその一冊に選びました。

ちなみに、音声はカセットテープが別売りでついていました。私が英語の勉強を始めたのは一九九九年ですから、時代の流れを感じます。今なら付録でCD教材がついたものや、Web上で音声が聞けるものを選ぶとよいでしょう。

私がこの本を選んだのはシチュエーションごとに言い回しが紹介されていたからです。

「議事・進行を打ち合わせる」

私が使った教材②

『初めての英語ネゴシエーション』

たなか桂子&たなか暁子著／語研／現在品切れ

「実際のビジネス交渉の場で使える生きた言い回しを、具体的なシチュエーションごとに紹介している本」を探し回って、ようやく見つけた1冊。130ページちょっとという薄さも私のニーズにぴったり。この本に出てくるフレーズは寝言でも言えるぐらいに、何度も何度も繰り返し練習しました。

「商品説明をする・商品について質問をする」
「双方の意向を確認し、問題点を挙げる」
「相手を納得させる、理由・根拠を述べる」
「妥協の意志を表わす」
「交渉の結果をまとめ、確約をとる」

　こうした具体的なシチュエーションごとに使える言い回しが掲載されていて、実際の交渉の流れがイメージしやすいのがポイントでした。この本は残念ながら今は入手困難ですが、現在も書店に行けば、同じような構成の本を見つけることができます。

　手前味噌《みそ》になりますが、ビジネス交渉に使えるフレーズだけを学びたいという人には、私の会社で開発したアプリ「非ネイティブのBIZ英語交渉術」(http://tryon.jp/apps/chonoryoku/) もおすすめです。私自身の経験をもとに、「ビジネス交渉においてこれだけは必要」という一〇〇フレーズを厳選・紹介したもので、孫社長が実際に使っていた効果的な言い回しも収録されています。

実際のシーンをイメージしながら口に出す

映画の教材を選ぶ時にも話しましたが、「自分が同じ場面にいたら何と言うか」を思い描きながら学べるものが断然覚えやすいのです。

自分が交渉の場に立った時の緊張感やプレッシャーを思い出し、「相手にこんなことを聞かれたらこれで切り返そう」「自分からクレームをつける時はこのフレーズを使おう」と実際の場面をイメージしながら口に出す練習をすると、脳がどんどん覚えていきます。

ただ淡々とフレーズ例を読んでいるだけではなかなか覚えられませんし、せっかく覚えても実際の場面でとっさに出てきません。

一方、日頃から「相手の言うことがおかしいと感じたら、こう言うぞ！」と真剣に感情移入していれば、条件反射的に必要な言い回しが口から出るようになるのです。

この「**感情を持つ**」**というのが、実は物事を暗記する際の重要なカギ**になります。

暗記術の達人と言われる人は、単純な情報を覚える時にストーリーを作るそうです。例えば、「四、五、三、二、八、五……」といった無意味な数字の羅列を覚えるとします。その場合、「四匹の猫が」「五時に公園に行くと」「三匹の魚が置いてあり」「そのうち二匹は腐っていて……」などと数字を使ったお話を作り、そのイメージをつなげて暗記するのです。数字を単純な情報として覚えるよりも、ストーリーを辿りながら「魚を見つけてラッキー！」「でも腐っていた……」といった感情を数字にのせたほうが暗記しやすいということです。だから情報量が少ないほうが覚えやすいというのはウソで、人間は情報量が多いほうが、頭の中に引っかかるものが増えて覚えやすいのだと思います。

そして、プラスする情報は「感情」「思い」といった人間的な気持ちにつながるものほど効果的ということ。英語を勉強する時も、テキストを見ながら「自分が同じ立場だったらどうするだろう」と真剣に考えることが学習効率を飛躍的に高めてくれるのです。

仕事で英語を使うことが目的なら、ぜひ**具体的なシチュエーションを想定した教材を選ぶ**ようにしてください。

加えて、この本が一三〇ページ程度の薄さだったのも、選んだ理由です。

「ビジネスで使える英会話フレーズ一〇〇〇」といったように、大量の言い回しを集めた本もありますが、そんなに覚えきれないし、そもそも実際の会話ではそれほど多くの言い回しを必要としません。辞書代わりに手元において、何かイレギュラーな言い回しをしたくなった時に使う程度ならいいのですが、最初から何百ページもある分厚い本をメインの教材にするのは非効率的です。

一冊のメイン教材はなるべく薄い本を選ぶようにしましょう。その代わり、その教材を最初から最後まで徹底的にやりこむのです。私も『初めての英語ネゴシエーション』に出てくるフレーズは寝言でも言えるぐらいに、何度も何度も繰り返し練習しました。

ただし、その本に載っている言い回しを必ずしもすべて覚える必要はありません。

私が選んだ本はコンパクトに内容がまとまっていましたが、それでも一つのシーンにつき、複数の言い回しが紹介されていました。交渉前の挨拶なら、「I'm very pleased to meet you」と「It's nice to meet you」の二パターンが載っているわけです。こうした場合は、どちらか一つだけ覚えればＯＫ。「自分が挨拶する時は、いつも『It's nice to meet you』でいく」と決めたら、他の言い回しは捨ててしまいましょう。

考えてみれば、日本語で挨拶する時も、「お会いできて嬉しいです」だろうと「お目にかかれて光栄です」だろうと、どちらでも問題ありませんよね。英語の場合も同じです。ワンパターンの言い回しに絞って、効率よくスピーキングをマスターしましょう。

スピーキング
02

「発音」は捨てて、「発声＋リズム」にこだわる

スピーキングの教材や英会話学校では、よく「舌の動きや口の形を意識しましょう」と指導されます。

これは、正しい「発音」をするための練習です。「L」と「R」を区別する時などに、こうして舌の動きなどを意識しながら発音を矯正するのが一般的なようです。

しかし、これが日本人には非常にハードルが高い。ネイティブが聞くと、日本人の「られるれろ」は全部「R」の音に聞こえるそうです。

第二章で、「発音はあきらめましょう」と書きました。繰り返しになりますが、社会人がネイティブ並みの流暢な発音で話せるようになる可能性はほぼゼロです。そして、そこまで完璧を求めなくても、じゅうぶん相手に通じる英語が話せるようになります。

ただし、代わりに日本人がこだわるべきポイントがあります。

それは「発声」と「リズム」です。

ネイティブと日本人のしゃべり方の違いを徹底的に研究し、スピーキングの練習をしながら試行錯誤を重ねた結果、「この二つを意識すると、自分の話す英語が一気に通じやすくなる」ことを発見しました。リズムについては先ほど「ヒアリング」のところで説明しましたので、ここでは発声について詳しく解説しましょう。

発声というのは、非常にざっくり言ってしまうと、

英語を話す時は、

①意識的に声を低くする

②（口先ではなく首のあたりを意識して）のどの奥を震わせて話す

ということです。

一緒に仕事をしているネイティブや映画俳優が英語を話すのを聞くと、誰もが一様に声が低い。男性はもちろん、女性も同じです。

日本人でも英語を流暢に話す人は、意識的にか無意識にかはわかりませんが、英語を話す時には声を低くしています。皆さんも「あれ、日本語で話している時と声が違うな」と感じたことがあるのではないでしょうか。

「英語って、低い声で話さないとダメなんだな」

私がそのことに初めて気づいたのは、実は映画『マトリックス』を観ていた時でした。ローレンス・フィッシュバーン演じるモーフィアスが、キアヌ・リーブス演じる主人公に「the matrix is a system」と説明するシーンがあるのですが、その台詞を話す声がとても低く、しかものどを震わせて話しているのがはっきりとわかったのです。

皆さんもぜひ、このシーン（映画開始から五十六分三十五秒ぐらい）を観てみてください。私の言っていることが一発で理解できると思います。

この台詞を聞いて、私は「なるほど、スピーキングは発音の正確さよりも、声の出し方にポイントがあるのかもしれない」と思い至りました。

そこで「発声」について自分なりに研究したところ、英語と日本語では発声の方法が大きく異なることがわかったのです。

高い声だと、子どもっぽく聞こえてしまう

日本語を話す時、私たちは知らず知らずのうちにのどを締めて口先で発声しています。すると、声が自然と高くなるのです。

ちょっとかしこまった場面で話そうとすると、それが顕著に現れます。

皆さんも電話の応対で「はい、○○でございます」と言う時、普段より甲高い声になっていませんか？

アニメのサザエさんも「サザエでございます！」と挨拶する時はいつもより高い声になりますし、デパートの店員が「いらっしゃいませ」と言う時も声が高くなりますよね。

日本人の感覚では、それが上品で丁寧な発声だと思われていますが、実は英語のネイティブが聞くとかなり違和感があるそうです。

「あんなに高い声を出すなんて、子どもみたいだし、落ち着きがなくてヘンなの」と感じるとか。つまり、**声が高いだけで、ネイティブには耳慣れない音になってしまう**ということです。

その上、「英語を話さなきゃ」と思って緊張すると、さらに声がうわずって高くなります。そうすると、ネイティブにはますます聞き取りにくくなってしまうのです。

ただその英語ネイティブも、来日して片言の日本語を話し始めると、一様に高い声になります。普段は低い声で英語を話すネイティブが、日本語の時だけ甲高い声で「おはよう！」などと言うのでびっくりした経験が私にもあります。

つまり、人間が日本語を発声する時は、意識的にしろ無意識的にしろ、どうしてものどが締まって高い声になってしまうということです。

お坊さんが読経する時の声をイメージ

もう少し具体的に、英語と日本語の発声の違いについてお話ししましょう。

私は発声を研究するために、少し「声楽」も学んだのですが、日本人がレッスンを受ける場合は、まず「のどを締めて声を出す」という歌い方を矯正することから始めるといいます。これは「**のど声**」と呼ばれ、耳障りな音に聞こえてしまうからです。

一方で、のどを開いて振動させながら出す声は「**胸声**」と呼ばれます。そして、英語を話す人たちは、矯正しなくてもこの胸声を出すことができます。

なぜなら、普段の会話の時から、のどを開いて声を出しているからです。

皆さんも、何も考えずに「ほー」と声を出しながら、のど仏を指で触ってみてください。それがのど声を出している時の位置です。

では次に、のど仏に指を当てたまま、「ほー」と言いながら徐々に声を低くしていってください。

のど仏の位置が、だんだん下がっていくのがわかりますか？

これ以上低くできないというところまで下げると、指一本分くらいはのど仏の位置が下がるはずです。そして、自然とのどの奥を震わせて声を出していることに気づくでしょう。

このように、のど仏が完全に下がりきった状態で出すのが「胸声」で、ネイティブが英語を話す時の発声法だということです。

イメージとしては、お坊さんが読経する時の声を思い出してもらうといいかもしれません。低いだけでなく、**のどを震わせている感じがはっきりわかる**はずです。何度もこの練習をして、のど仏の位置を確認しながら、胸声を出す感覚をつかんでください。

もう一つ、のど声を直すトレーニングとしては、「息を吸いながらしゃべる」という方法があります。

皆さんも息を吸いながら、「おはようございます」と言ってみてください。自然とのどが開いて、のどの奥がゴロゴロ鳴るような声が出るはずです。これを一日に何度かやっていると、「のどを開く」という感覚がわかってくるでしょう。

姿勢も重要です。

猫背だったり、前屈《まえかが》みになったりすると、のど声しか出せません。

肩甲骨を締めて胸を開き、肩の力を抜いてリラックスすると、のどが自然と開いて胸声が出しやすくなります。発声練習をする時は、姿勢にも気をつけてみてください。

のどを開くコツをつかんだら、あとは低い声のネイティブをお手本に、ひたすら発声を真似するだけです。

先ほど挙げたローレンス・フィッシュバーンなどは、まさにうってつけです。私もあのシーンを繰り返し見て、「the matrix is a system」という台詞を同じくらいの低さとリズムで言えるようになるまで、何度も何度も真似しました。

こうして〝耳コピ〟を続けていると、高い声よりも低い声のほうが、フィッシュバーンと同じ発声とリズムで「matrix」という単語を言いやすいことが体感できると思います。

ちなみに、のどを開くコツをつかむと、日本人が苦手な子音の発音もできるようになります。

例えば「hot」は、カタカナにすると「ホッ」と聞こえますが、実際にネイティブが「t」をまったく発声していないわけではありません。のどを開いて奥のほうから大きく息を吐き出しつつ、最初の「ホッ」を発声し、のどから出た息を舌や歯で止めながら「t」

の音を作っています。ネイティブと同じように「t」を発声するには、最初にのどの奥からかなりの空気量を吐き出さなくてはいけない。そのためにも、のどを大きく開くことが必要です。

それに、**のどを開いて発声すると、英語特有のリズムもつかみやすくなります**。

日本語で「ホット（ho‐tto）」というと二拍のリズムになりますが、英語は「ホッ」の一拍です。最初の「ホッ」で大きく声を出しながら息を吐ききってしまうと、次の「t」でまた大きな声を出すのは不可能です。だから自然と「ホッ」という一拍のリズムになるわけです。

「発声＋リズム」の勘所さえつかめば、ネイティブにもかなり聞き取りやすい英語が話せるようになります。どうぞ自信を持って、「発音」の練習は捨ててください。

スピーキング

03 スクール選びのコツ

さて、一冊選んだ教材で必要な言い回しを覚え、発声とリズムのコツをつかんだとしても、それを実際にアウトプットする場が必要です。

第三章で述べた通り、「いつでもどこでも勉強できるもの」は避けるとなると、やはり英会話スクールが最も現実的な選択肢になるでしょう。

とはいえ、スクールといっても、その学習システムや環境は千差万別です。最短最速でゴールに到達するには、どんなスクールを選べばよいでしょうか。

まずは曜日と時間が固定されているレッスンを選ぶのが大前提。**「いつでも好きな時に通えます」というのはNG**です。

そして一番大事なのは、自分の目的に合ったレッスンが受けられることです。

スクール側が用意した教材に沿って、誰が受講しても決まったカリキュラムのレッスンしか受けられないところは避けたほうがいいでしょう。

誰もが同じテキストに沿って学ぶのでは、学校の授業と同じ。社会人が目指すべき「超目的思考」の英語学習には向きません。

最近は、留学したい人向けの「海外留学準備コース」、プレゼンができるようになりたい人向けの「ビジネスプレゼンコース」といった目的別にコースを設けているスクールも増えています。情報を集めて、自分の目的にズバリ合ったコースを選ぶのも一つの手です。


そこまで細分化されていなくても、社会人向けにビジネス英会話のコースを用意しているスクールはたくさんあります。ただ、ひと口に「ビジネス英会話」といっても、レッスン内容はさまざまですから、よく吟味してください。

渡されたテキストを読み上げて、ネイティブの先生に発音や文法をチェックしてもらうといったレッスンでは、「アウトプットする力＝自分の言いたいことをとっさに英語に変換して口にする力」は磨かれません。

スクールに通うのは、インプットのためではありません。あくまでアウトプットの場を確保するのが目的です。

レッスン中は、先生に「この文法は合っていますか?」といった質問をするのはもったいないと思います。文法や単語が正しいかどうかは、あとから自分で調べればわかること。わざわざスクールまで来てインプットをする必要はありません。

先生から発音の指導を受ける必要もないと思います。

「発音を直されるかもしれないから、注意してしゃべらなくては」ということに貴重な脳の処理能力を使っていたら、それこそ口から何も出てこなくなってしまいます。

ですから、先生はアウトプットの受け手に徹して、こちらの話したいことをどんどんしゃべらせてくれるようなレッスンを私はおすすめしたいと思います。

理想を言うなら、会話の八割は自分がしゃべり続けられるようなものがいいでしょう。

ディスカッション中心ならアウトプットを鍛えられる

私もその点を重視して、生徒たちが自由にディスカッションする形式のレッスンを選びました。それが何度かお話しした、早朝レッスンです。

このレッスンでは、毎回違ったテーマについてディスカッションをしていました。

前日に先生から、「明日はこのテーマについて話します」とニュース記事を渡されます。

それを読み、わからないことは軽く事前に調べておいて、「こんなことを話してみよう」という準備をします。言い回しや単語などの確認が必要なら、この時に済ませておきます。

そして当日は、計七人の生徒たちと先生で議論をします。先生は横から口を出す指導者ではなく、自分も議論に参加する一員という立場です。

何が飛び出すかわからないディスカッションを毎日続けていると、他の人の発言に即座に対応し、**自分の中にあるインプットを組み合わせてサッと頭から引き出す力**がどんどん鍛えられます。

私の目的は英語で交渉できるようになることでしたから、その場の状況に応じてすぐに英語で反応する練習は非常に有益でした。

こうして、平日は毎日欠かさずアウトプットしたからこそ、私は一年で自分の目的を達成できたのです。

本当に「超目的思考」に徹するなら、その人のニーズに合わせて学ぶ内容をオーダーメイドできるプライベートレッスンを受けるのがベストです。

「一年後に海外の見本市で買い付けをする」という目的があるなら、実際の場面を想定しながらネイティブの先生と会話すれば、それが最短最速でゴールに到達するための練習になります。ネイティブの先生にお手本の音声を録音してもらえば、スクールに通えない日もヒアリングとスピーキングの練習を徹底的に繰り返すことができるでしょう。

同じように、自分がＩＴ業界に勤めているならＩＴ業界を、自動車業界に勤めているなら自動車業界を想定した会話を徹底して練習すれば、目的に直結したアウトプットを積み重ねることができるはずです。

ただし、マンツーマンのプライベートレッスンは、どうしても料金が高くなります。それにグループレッスンなら、仲間を作りやすいという利点があります。

この点については、人それぞれの事情や好みがありますから、メリットとデメリットを比較した上で、自分に合ったレッスン形態を選んでください。

グループレッスンを選ぶとしても、少人数制のものがいいでしょう。大人数だと、それだけ一人の生徒が話す時間が少なくなり、アウトプットの量が減ってしまうので注意が必要です。

そしてもう一つ、**いつも同じ先生が担任してくれるスクールを選ぶ**ことも大切です。

毎回同じ先生なら、自分がどれくらい上達したか、どんなところでつまずいているかといったことをチェックしてもらえます。

「この前のレッスンの続きなんですが……」といった話もできるので、学習に連続性が生まれます。いつも同じ先生が待っていると思えば、安易にサボるわけにもいきませんし、「前回よりもうまく話せるようになりたい」という意欲も湧きます。

ところが、毎回違う先生だと、今の自分の英語のレベルや習熟度を指導者が知らないことになります。

当然、その人に合わせたレッスンはできませんから、スクールが用意した画一的な教材をなぞるだけになります。いったん入れた予約をキャンセルしても、初対面の人なら気まずさもありませんから、軽い気持ちでサボれるようになってしまいます。

何店舗も展開しているスクールだと、「今日は自宅近くの教室で、次回は会社近くの教室で」と場所を変えられるシステムもあります。これは非常に便利なようでいて、毎回違う先生に教わることになるという落とし穴がありますから、慎重に考えたほうがいいでしょう。

英語教師紹介サイトを通じて、個人的にレッスンを受けるという方法も

英会話スクール以外に、アウトプットの場がないわけではありません。

例えば、ネットの英語教師紹介サイトを通じて、個人的にレッスンを受けるという方法もあります。よくカフェなどでマンツーマンの英会話レッスンを受けている人を見かけますが、こうしたサイトを利用して個人的に英語を教えてくれる人を探しているケースが多いはずです。

「**先生ナビドットコム**」（http://www.senseinavi.com）などが有名ですが、ネットで検索すればいろいろな紹介サイトが見つかります。こうしたサイトには、日本に住む外国人が先生として登録していて、格安の手数料で紹介してもらえるのです。

自分の学びたい言語や希望エリアなどを入力すると、条件に合った先生の情報にアクセスできます。サイトによっては、同じ英語でも「アメリカ英語」「イギリス英語」などを選択できる場合もあります。

出身大学や英語を教えた経験の有無といった詳細プロフィールや顔写真などが公開され

ているサイトであれば、比較的安心して利用することができるでしょう（ただ、そうしたサイトでも一〇〇％安全とは言えませんので、油断せず、注意深く利用してください）。

あとはその先生と直接連絡をとって、料金や時間・場所などの条件が折り合えば、レッスンを受けられるという仕組みです。

たいていの場合は、英会話スクールのプライベートレッスンよりはずっと安い料金で受けられます。他の仕事を持ちながら副業として英会話教師をしている人も多いので、「金融業界で働いている人に教えてもらいたい」といったニーズに合う人を見つけることもできます。


私自身もこうした英語教師紹介サイトを利用したことがあります。

一年間の英語学習が終わって数年経った頃、交渉とは別のシチュエーションで英語を使う場面が増えたため、もう一度アウトプットの場を作って勉強しようと考えたからです。

具体的には、コーポレートガバナンスに関する英語を勉強したかったので、ＭＢＡホルダーで法律関係の仕事をしているアメリカ人にレッスンをお願いしました。週一回、私のオフィスまで来てもらい、そこでコーポレートガバナンスに関する専門書をもとにディスカッションするということを一年ほど続けたのです。

結果的には利用してよかったと思いますし、目的に合わせてピンポイントで英語力をブラッシュアップすることができました。

ただし、これにも一長一短があります。

自分の条件にぴったり合う先生がいても、希望した日時はすでに予約で埋まっているということもあります。また、先生の都合で予定していた日時が変わることもあるし、メール一本送れば、こちらの都合でキャンセルもできてしまいます。

つまり、「この時間、この場所でしか勉強できない」という縛りがゆるみやすいのです。その点はよく注意して、利用するかどうかを決めたほうがいいと思います。

いま人気のスカイプ英会話も同様です。

安い料金でネイティブの先生とコミュニケーションできるのはとても魅力的です。

ただ、私も実際にいくつかスカイプ英会話を利用してみたのですが、多くの場合は決まったテキストが用意されていて、それに沿って会話をするという内容でした。ですから、どのレッスンを受けても画一的になりがちで、自分の目的に合った英語を学べるかといえば、なかなか難しいところです。

それに第三章でも述べましたが、やはり**スカイプ英会話はアウトプットの場としては気軽過ぎる**という印象を受けました。

一回ごとに好きな日時を指定できて、しかも自宅にいながらできるので、「毎週必ず水曜の夜はスカイプ英会話をやるぞ」というモチベーションを維持しにくいのです。

それならまだ、英語教師紹介サイトで先生を見つけて、「毎週土曜の午前中は必ずカフェに行かなくては」という環境を作ったほうが自分を縛りやすいと思います（このような場合でも、自分の英語学習にあったテキストを教材に選ぶことを忘れないようにしましょう）。

私の経験を踏まえると、ちょっと大変かもしれませんが、やはり平日の早朝コースはアウトプットの場として非常におすすめです。

「朝必ず早起きして、英語を勉強する」という縛りを作るのに、これ以上の強力なレッスンはないからです。

「絶対に一年で英語をマスターしたい」という人なら、チャレンジする価値はあるはずです。

スピーキング
04
自宅の電話で受験可能な「ヴァーサント」は超おすすめ

スクールはアウトプットの場として徹底活用し、発音や文法の指導はあえて受ける必要はないとお話ししました。

とはいえ、スピーキングの練習を続けていれば、自分が正しい英語を話せているかどうかは気になります。上達度を確認するためにも、客観的にチェックしてもらう機会は作ったほうがいいでしょう。

そこで頼りになるのが、最新のテクノロジーです。

最近では、英語のスピーキング力をチェックできるオンラインテストやソフト、アプリなどがたくさん登場しています。自分がどれだけ正確に話せているか、機械がチェックしてくれるのです。

私のおすすめは、ピアソン社が開発した「**Versant**（**ヴァーサント**）」（http://www.

おすすめのスピーキングテスト

『Versant®（ヴァーサント）』

http://www.versant.jp/

電話またはパソコンを使い、24時間365日いつでもどこからでも受験可能。しかも、テスト終了後、通常数分以内に採点結果がわかるという非常によくできたテストです。受験料は1回5,400円。スピーキング力をかなり正確に測定できるので、今後、昇進基準や採用条件に「Versantスコア○○点以上」を加える日本企業は増えていくでしょう。ピアソン・ジャパン（世界最大手の教育サービス会社ピアソンの日本法人）が運営。

versant.jp/）というスピーキングテストです。

これは自宅にいながら、パソコンまたは電話でテストを受けられるというもの。**二十四時間、三百六十五日、いつでも受験が可能**で、テスト終了後わずか数分以内に採点結果が出るので非常に便利です。

ネイティブと非ネイティブの音声分析に特化した技術を使っていて、システムの精度も高く、客観的で公正な評価を受けられます。音声だけでなく、文節や音節、語句の正しさもレビューされるので、単なる発音チェックに留まらず、英語力を総合的に診断できます。

テストでは、まずネイティブスピーカーによって録音された質問が流れ、それに受験者が英語で答えるという流れが何度か繰り返されます。耳から入ってきた英語を理解し、即座に頭の中で文章を組み立てて口から出すアウトプット力を問われるわけです。

近年では実践的な会話力を測定できる指標として、世界各国の企業や公的機関でも採用されています。

在日アメリカ大使館の採用試験ではVersantのスコアも審査基準の一つとされていますし、社内の公用語を英語にしたインターネット関連の大手企業も、TOEICに加えてVersantを全社員に受けさせることを決めました。

TOEICのスコアが高くても、英語を話せないという話をよく聞きますが、Versantならスピーキング力を正確に測定できます。

受験一回につき五四〇〇円（税込）ですが、今の自分がゴールまでどれだけ近づいたかを客観的に知ることができるので、決して高い出費ではないと思います。また、最近は対策用CDもありますから受験前に準備することも可能です。

定期的に受験して、スコアが段々と伸びていけば、モチベーションを高める良い材料にもなりますので、上手に活用してみてください。

自分の発音をチェックする手段は、他にもあります。

「**AmiVoice CALL ~pronunciation~**（**アミボイス コール　プロナンシエーショ**

発音矯正ソフトの例

『AmiVoice® CALL ~pronunciation~』

https://www.advanced-media.co.jp/products/service/amivoice-call-pronunciation

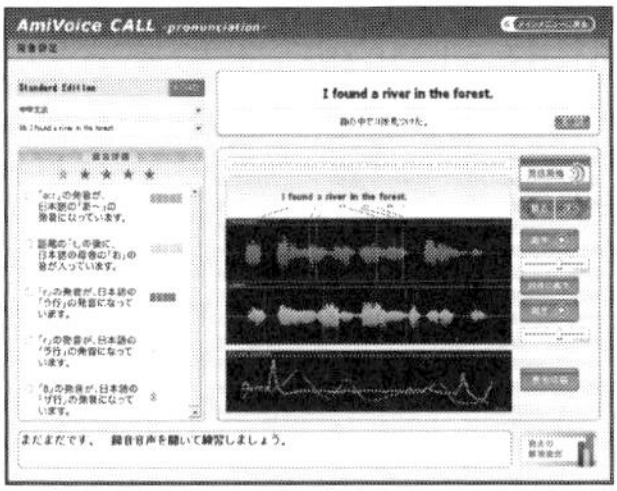

音声認識に関するさまざまな製品・サービスを生み出すアドバンスト・メディア社の英語発音矯正ソフト。表示された文章を読み上げると、発話したセンテンスの中で間違った発音の部分をピンポイントでアンダーライン表示。また、模範音声と学習者の発音の音の強さやピッチをグラフィカルに表示してくれるので、模範音声との違いがひと目で把握できます。

ン）」（https://www.advanced-media.co.jp/products/service/amivoice-call-pronunciation）は、英語の発音を矯正するためのソフトです。

指定された単語や文章を読み上げると、音の強弱を表す波形やピッチを表すカーブなどを視覚的に示して、どこが間違っているのかを教えてくれます。

「英語の発音を完璧に波形で表すことはできない」という意見もありますが、少なくとも音の強弱やリズムは波形に正しく反映されます。ですから、「発声＋リズム」をチェックするには有効なツールだと思います。

そもそも「発音は捨てる」と決めたわけですから、厳密な発音チェックは必要ありません。「発音矯正」をうたうシステムやアプリは他にも多数ありますが、あくまで「発声＋リズム」を客観的に確認するためのものとして活用してください。

私が勉強していた当時も、同じように音を波形で表すパソコンのソフトがあったので、それを使って発声とリズムを確認するようにしたら、非常に効果がありました。

とくに子音の発声は、波形を見ながらお手本に近づけていくことで、随分とコツをつかんだ気がします。

結論から話す習慣が、英語のスピーキング力を向上させる

スピーキングについて、最後にお伝えしておきたいことがあります。

それは、英語のスピーキング力を高めたいなら、日本語で話す時もシンプルかつロジカルな話し方を心がけてほしいということです。

ソフトバンクで孫社長と一緒に働いたことのある人は、ミーティングの冒頭で必ずこう言われます。

「**言いたいことは十秒で話せ！**」

つまり、余計な前置きはせずに、結論から言えということです。

日本人は「起承転結」で文章を作るクセがついています。

「新サービスの発注先ですが、候補が多すぎるのでまずは見積もりを取ったところ、価格はA社が最も低かったのですが、実績が不足していたため、他にも見積もりを取って、いろいろと考えたり議論したりした結果、最終的にB社がベストだと判断しました」

こんな話し方をする人が意外と多いのではないでしょうか。

でも、孫社長の前でこんな話し方をしたら、間違いなく一瞬で止められて、「結論から話せ！」と叱られるでしょう。

この場合は、「私は、B社が新サービスの発注先としてベストだと判断しました。なぜなら……」とまずは結論を述べて、それからその理由を言うようにしなければなりません。

これがなぜ英語のスピーキングに関係するかというと、英文の構造が「結論から言う」というルールになっているからです。

だから日本語で思考する時も、まずは結論を先に口から出すというパターンを習慣づけないと、英語で話す時もとっさに口から文章が出てきません。

理由から話す習慣がついていると、いざ英語で同じことを話そうとしても、「えーっと、主語の後に述語だから、理由は後に置いておいて……」などとあたふたしてしまうのです。

日本語の場合、時には主語でさえあいまいなことがあります。

B社をベストだと判断したのは私個人なのか、私が所属するチーム全体の総意なのか、それとも私の直属の上司なのか。先ほどの説明では、その主語さえ語られていません。

でも、これを英語で話すなら、主語が「I」なのか「We」なのか「He」なのかを明確にしなくてはいけません。いつも漠然とした日本語を話していると、英語で話そうとした時に、いきなり出だしの主語でつまずいてしまう可能性すらあるのです。

こういったことを避けるために、**普段から日本語でもシンプルかつ結論優先でロジカルに話すことを心がけてください**。そうすれば、それを英語に置き換えるのもそれほど難しくはなくなります。

それにロジカルに話せる人は、上司やクライアントからの評価も間違いなく高まります。英語が上達するだけでなく、ビジネスパーソンとしての評価も高まるのです。

ライティング

01

英文メールは「テンプレート」をフル活用

ライティングの勉強は基本的にやらなくていい、と私は考えています。

普通の人なら、ヒアリングとスピーキングを一日三時間勉強するので目一杯のはずです。それに加えてライティングまで学ぶとなったら、パンクしてしまうからです。

ただ、目的とするゴールがプレゼンや交渉であっても、日常業務で海外とメールをやりとりするという人はいるでしょう。私もそうでした。

ですから、業務上で必要となるライティングのスキルを身につけることは、ある意味で「超目的思考」に沿っているわけです。

といっても、いちから勉強するのは非効率的です。

ですから**ライティングについては、学習法ではなく、効率よく作業するための〝手抜き法〟を伝授**したいと思います。

手抜きをしても、「メールで相手と必要最低限のコミュニケーションをする」という目的さえ達成できれば何も問題はありません。

英文メールを効率的に作成するには、テンプレートを活用するのが賢い方法です。「ビジネスで役立つ英文メール例文集」といった本もたくさん出ていますし、ネット上にもテンプレートを紹介するサイトが数多くあります。

ですから必要に応じて、それらを〝コピペ〟すればいいのです。

あるいは、ネイティブからもらったメールやレポートなどから使える文章をコピペして、自分流にアレンジして使ってもいいでしょう。

こんなにたくさんお手本があるのですから、わざわざ自分で英作文をする必要はありません。人の力を借りて、どんどん**〝英借文〟**をすればいいのです。

そもそもメールは事務的な連絡事項が中心で、それほど複雑な内容は書きませんから、シンプルな定型文さえあればほとんど事足りてしまいます。

どうしても一般的な定型文だけで足りない場合があれば、スクールの先生や社内にいるネイティブにお願いして、必要なテンプレートを作ってもらえばよいと思います。

私の場合、外資系投資銀行とのやりとりなどで専門的な内容も扱う必要があったので、それに合わせて知り合いのネイティブにいくつかテンプレートを作ってもらいました。

自分ではできるだけ作文しないこと。これが英文メールの鉄則です。

なお注意点としては、スピーキングと同様、ライティングでもシンプルかつロジカルな文章を心がけてください。だらだらと長いばかりで何を言いたいのかわからないメールは、英語だろうと日本語だろうとビジネスシーンでは嫌がられます。

英語でメールを書く前に、そもそも日本語で考えた内容が「シンプルかつロジカル」になっているかをチェックしたいなら、簡単な方法があります。

Google翻訳やYahoo!翻訳といったWeb上の無料翻訳サービスで、日本語の文章を入力してみてください。

主語があり、最初に結論が来る文章なら、きちんと英語に翻訳されます。わけのわからない英語の羅列になってしまうなら、それは英文にするのに適したロジカルな文章ではないということ。先ほどのような「新サービスの発注先ですが、候補が多すぎるのでまずは見積もりを取ったところ、価格はA社が最も低かったのですが……」といった文章を入力しても、英文には翻訳できないはずです。

ライティング
02
英文添削サービスは「ジンジャー」がおすすめ

自分の英文が正しいかどうか心配なら、英文添削サービスを使うのもひとつの手です。人間が添削してくれるものもありますが、手軽さを求めるなら、コンピュータが自動添削してくれるサービスがいいでしょう。

例えば「**Ginger**（**ジンジャー**）」(http://www.getginger.jp) は、スペルや文法のミスはもちろん、文脈に合わないおかしな表現まで添削してくれます。Web上で簡単に英文チェックができますし、アプリもあるので外出先でスマホから利用することもできます。

ネイティブが使う一・五兆もの英語のフレーズを解析した独自システムを使っているので、外国人が読んでも違和感のない言い回しや表現になっているかどうかを、正しく判断してくれます。

私も以前は、フォーマルな書類を作成する時はネイティブにチェックしてもらいましたが、今はほとんどGingerにお任せです。何度かネイティブに確認してもらいましたが、

おすすめの英文添削サービス

『Ginger（ジンジャー）』

http://www.getginger.jp

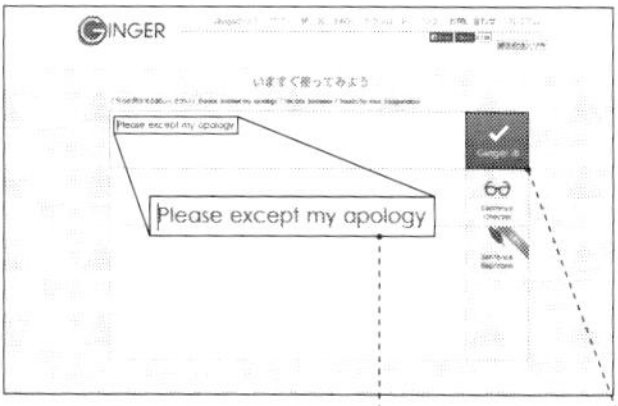

無料英文添削サービスはいくつかあるが、使い勝手の良さと添削の精度の高さでよく使っているのがこれ。ソフトウェア版（Microsoft office対応）と各ブラウザに対応したブラウザ版があります。アプリもあるのでスマホでの利用も可能。

英文を入力して「Ginger it!」をクリックすると……

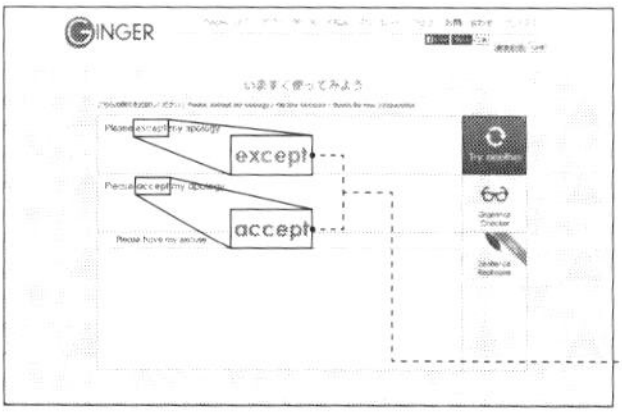

間違っている箇所が色付きになり、下に正しい表現が表示される。

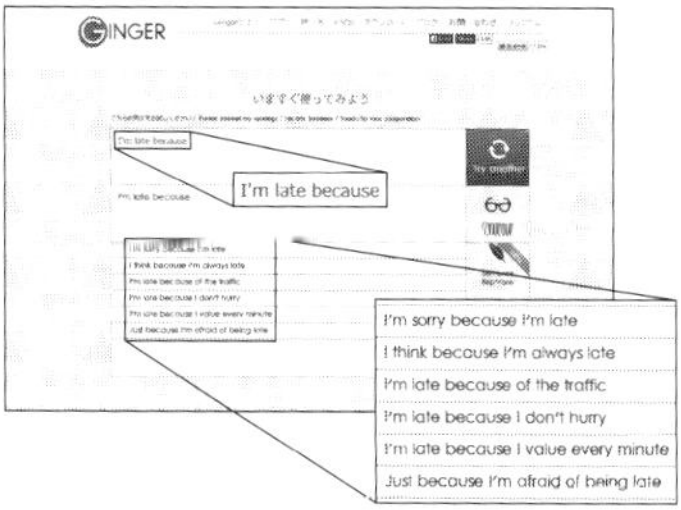

途中まで書かれた英文に含まれる単語や構文を解析して、その後に続く適切なフレーズ候補をレコメンド表示してくれる機能も。

添削の精度は非常に高いとのことで、安心して使っています。

「やっぱり生身の人間に添削してもらいたい」という人には、「Lang-8」(http://lang-8.com) などのサービスがあります。外国語の文章を書き込むと、世界中で登録している、その言語が得意な人が添削してくれるシステムです。

文章は話し言葉よりも正確さを求められるので、人に添削してもらうなら、日本人ではなくネイティブがチェックしてくれるサービスを使いましょう。

「文法的には正しいけれど、ネイティブが読むと違和感を覚える」といったものは、やはりネイティブでないと添削できないからです。

「Lang-8」は無料ですが、より正確さを追求するなら、有料の添削サービスを選んだほうがいいかもしれません。無料の場合、あくまで相手もボランティアで添削しているので、どこまで責任感を持ってやっているかはわからないからです。

有料サービスであれば、お金をとる以上、運営する会社としても質の低いものを提供するわけにはいきません。

「Lang-8」にも毎月七ドルで利用できる有料のプレミアムアカウントサービスがあり、

「こんなふうに添削してください」といったリクエストもできます。

仕事で厳密なライティングを必要とする人は、お金を多少かけても、ネイティブが有料で添削してくれるサービスを使うのがベターでしょう。

ちなみに孫社長は、Google翻訳をスペルチェックに使っていました。

英文メールを送る前に翻訳にかけて、間違ったところがあれば訂正して送るだけ。**孫社長も「英単語は覚えなくていい」という考え方で、スペルチェックは機械に任せると割り切っていました。**

今はこうした手軽なツールがあふれているので、皆さんもどんどん手抜きをして、ライティングの作業はできるだけ効率的に済ませましょう。

リーディング

「全体を機械翻訳→必要なところだけ精読」でOK

リーディングの勉強も社会人はやる必要なし、というのが私の考えです。そこでここでは、ライティングの時と同様に、学習法ではなく、効率よく作業するための〝手抜き法〟をご紹介したいと思います。

そもそも、**ビジネスで求められるリーディング力というのは、最初から最後まで書類を読み通す力ではなく、自分に必要な箇所を素早く見つけて、その部分の意味を正確につかむこと**です。

ですから、英語の資料を渡されたら、まずはWeb上の翻訳サービスで全体をざっと訳してください。この時は正確性は必要ありません。どこに何が書かれているかがだいたいわかれば十分です。

ここで全体の意味をざっくりと把握し、自分の仕事にとって重要そうな部分を見つけたら、今度はその部分だけを精読するのです。

Web上の無料翻訳サービスだと、ファイルの文章をコピペしなければいけませんが、アプリケーションから直接翻訳することができる有料のソフトも販売されています。

例えば、**富士通の翻訳ソフト「ATLAS（アトラス）」**（http://software.fujitsu.com/jp/atlas/）なら、Word、Excel、PowerPoint、Acrobat（PDF）などのアプリケーションに翻訳機能を追加し（アドイン）、これらの画面上から翻訳機能を呼び出すことができます。

希望小売価格が八万八〇〇〇円（「翻訳スタンダード」の価格／税別）と高く、私自身も思いきって購入しましたが、非常に使い勝手がよく、決して高い買い物ではありませんでした。仕事で英文の書類を読む機会が多い人なら元は取れるはずです。

自分が仕事で必要としているリーディングの量やレベルに合わせて、必要な翻訳サービスを選び、それをフル活用しましょう。

リーディングもライティングと同様、さまざまなツールの助けを借りて、できるだけ手抜きをするのが秘訣です。

いったん身につけた英語力を維持するのは難しくない

私が一年間の学習で英語をマスターしたと言うと、よく聞かれる質問があります。それは「一年経って勉強をやめてしまったら、また英語を話せなくなるのでは？」ということです。

結論から言えば、いったん身につけた英語力は、特別な学習をしなくてもほぼ維持できます。一年間で千時間をこなすという集中学習には、それだけの効果があるということです。あれだけ徹底してヒアリングとスピーキングの反復学習を繰り返し、しっかりした土台を作ってしまえば、時間が経ったからといってそう簡単には崩れないのです。

たしかに、しばらく英語から離れると、スイッチが入りにくくなるのは事実です。私も長めの休暇をとった後など、仕事に戻ってネイティブに話しかけられてもなかなか頭が切り替わらないことがあります。

ただ、それでも何分間か会話をしていると、すぐに調子を取り戻せますから、それほど心配しなくて大丈夫だと思います。

それに、勉強をやめたからといって、英語にまったく触れなくなるわけではありません。もともと仕事で英語を使うための勉強を始めたのですから、学習を終えた後も、普段の業務の中で英語を使う機会はいくらでもあるわけです。

学習時間を作らなくても、日常的にネイティブと話し、英語のメールをやりとりしているので、英語に触れている時間が多いことには変わりがありません。つまりアウトプットの機会はあるわけですから、仕事で英語を使っているだけで英語力をキープできるのです。

仕事の時間以外にも英語力維持のために何かしたいなら、海外ドラマや映画を見るくらいがちょうどいいのではないでしょうか。

今はわざわざＤＶＤをレンタルしなくても、「Hulu」（http://www.hulu.jp）を使えば月額九三三円（税別）で映画やドラマが見放題という時代です。英語字幕つきで見れば、音とスペルをひもづける練習にもなります。

ちなみに私がハマったのは、「Flipping out」というリアリティ番組です。古い豪邸を格安で手に入れ、リノベーションして高く転売する様子を追ったドキュメンタリーなのですが、「これは高すぎる」「いや、これでも安いだろう」などと白熱する交渉の様子が面白く、私が交渉のために覚えた言い回しもたくさん出てくるので、「よくわかるぞ！」という楽しさがあります。

こうして趣味や娯楽もかねて英語に触れる時間を作るだけでも、無理なくヒアリング力を維持できるはずです。

異動や転職などで仕事の内容が変わって、新たな目的が生じた場合は、改めて学習時間を確保することが必要になる場合もあるでしょう。

私もソフトバンクを退社し、自分で会社を起業すると、交渉以外の場面でも英語を求められる機会が増えました。

そこで、先ほどの英語教師紹介サイトを利用し、週一回のプライベートレッスンを一年ほど続けました。「コーポレートガバナンスについて説明する」という新たな目的を設定し、先生にはそれに合ったレッスンをしてもらいました。

ただしこのレッスンも、一から学ぶというよりは、あの一年で作り上げた土台に新たな土を積み上げていくという感じでした。ですから、最初の学習期間よりは随分とラクだったと思います。

このように、新たな目的のために再び勉強する時が来ても、最初の一年間の土台があれば無理なくゴールに到達できます。

だからこそ、この**一年だけはがむしゃらに勉強して、何年経っても崩れない土台を作る**ことが大切なのです。

一生続く英語力を維持するためにも、この一年だけはなんとか頑張ってトレーニングを積んでください。

CHAPTER.5

第5章

1年も待ってもらえない人のための英語仕事術

明日の仕事を乗り切る
「一夜漬け」勉強法

ここまでご紹介してきた学習計画とトレーニングを実践すれば、皆さんもきっと一年で「使える英語」をマスターできるでしょう。これは間違いなく、仕事を持つ社会人にとって最短最速の学習法だと自負しています。

とはいえ、残念ながら仕事はあなたの英語力向上を待ってはくれません。千時間の学習時間を達成する前に、「急な海外出張が入る」「急に海外の取引先と電話で交渉しなければいけなくなる」といったことは大いに考えられます。

私自身、英語をほとんど話せない時期から、孫社長に外国人との交渉を命じられたりしたので、悠長なことを言っていられない気持ちはよくわかります。

そこで私は、明日の英語での交渉や会議を「一夜漬け」で乗り切るためのさまざまなテクニックを編み出しました。この章ではそれを皆さんにお伝えしたいと思います。

たとえ一夜漬けでも、それを積み重ねることで身につくスキルは意外とあなどれません。

時間をかけて本物の英語力を培いながら、一夜漬けで「明日の交渉」も乗り切る、いわば基礎力アップと付け焼刃を両立させていくことも、「使える英語力」を短期集中でマスターするコツです。

「一夜漬け」でもなんとかなります！

POINTS OF CHAPTER.5

明日の英語仕事を乗り切る７つの技術

仕事術 01
英語での交渉・プレゼンは、「カンニングペーパー」を作って臨む

仕事術 02
使うことが予想される専門用語は、Ａ４一枚にまとめておく

仕事術 03
冒頭で一番言いたいことをはっきり言う

仕事術 04
ホワイトボードをフル活用する。数字は特に要注意！

仕事術 05
通訳はつけない。下手でもいいので自分の英語で話す

仕事術 06
スモールトークは、事前準備＆オープン質問で乗り切る

仕事術 07
自己紹介の「持ちネタ」を考える時の二つのポイント

仕事術
01

英語での交渉・プレゼンは、「カンニングペーパー」を作って臨む

英語の勉強を始めて半年。外国人との交渉の場で、相手の言うことはそれなりに聞き取れるようになりましたが、すべての発言に対して当意即妙に言い返せるというレベルにはまだまだほど遠いのが現実でした。

それでも、交渉はなんとしても成功させなければなりません。

当初はそうとうなプレッシャーでしたが、あるとき、「そもそも英語で交渉する目的は、何か問題を解決したり、相手にこちらの要望を受け入れてもらうことじゃないか。別に英語をペラペラ話せなくても、その目的が達成できればいいんだ」と気づいたのです。それからは、英語での交渉にも自信をもって臨めるようになりました。

では、つたない英語で交渉を成功させるために、私は何をしたか。

まず一つ目は、その日の交渉で自分が言いたいことをA４一枚にまとめた「**英語交渉シ**

ート」を、事前に作っておくことです。

このシートには「テーマ」「事実」「結論」の三項目を明快な英文にして書き込み、交渉本番ではこれを手元において話を始めるのです。こうして自分の言いたいことを明確にしておくと、こちらの伝えたいことを最後までブレることなく話せるようになります。

例えば、私がソフトバンクでYahoo! BBの品質管理部長を務めていた頃、「BBフォンに雑音が入る」というクレームが多数寄せられたことがあります。

原因を調査すると、台湾の工場で製造していたモデムに不具合が集中して発生していることがわかりました。

そこで私は品質管理の責任者として、先方の工場に電話をかけることにしました。

この時の「英語交渉シート」に書き込んだ内容は次の通りです。

- 「テーマ」↓「貴社の製品の品質に問題がある」
- 「事実」↓「品質が一定しないために、我が社のコールセンターへ苦情が来ている」
- 「結論」↓「こちらから品質管理チームを派遣して、原因解明と解決を図る」

この内容をそれぞれ英文にして、シートに書き込みました。

ここで重要なのは、これ以外の余計なことは一切書き込まないことです。

用心深い人は、もっと詳しい想定問答集を作りたくなるかもしれませんが、それは逆効果。情報が多すぎると、話しているうちにどこを見ればいいかわからなくなります。だから、A4一枚でコンパクトにまとめることに意味があるのです。

ときには、交渉の流れが思わぬ方向にいってしまうこともあるでしょう。そんな時も、このシートがあれば、慌てず話を本筋に戻すことができます。あるいは、相手が話をそらしたりごまかしたりすることもあるかもしれません。そういう場合は、シートを見ながら、「テーマ」「事実」「結論」の三点だけをしつこく読み上げるくらいでいいのです。

日本語の交渉でも、「言いたいことがいろいろあったのに、相手のペースに乗せられてなんとなく話が終わってしまった」ということはよくあります。「英語交渉シート」はそうした事態を防ぐうえで非常に有効なツールです。実際、私もこのシートのおかげで、台湾の工場に品質管理チームを派遣して、無事に問題を解決することができました。

シートに書いたことは、事前にしゃべる練習をしておく

初対面の相手とのミーティングやプレゼンなど、それなりに長い話をしなくてはいけな

い場合は、「**場面言い回しシート**」というものを作っていました。これもわかりやすく言えば、〝カンペ〟です。

ただし、話す内容を台本のようにすべて書き出していては、棒読みになってしまいますし、一夜漬けするには作業量が多すぎます。こちらもＡ４一枚にまとまるように、場面ごとに要所を押さえる文章だけを書き出すのがポイントです。

「自社の紹介をする」
「本題の前置きに移る」
「結論を示し、根拠を説明する」
「クロージングする」

こうした大まかな場面ごとに、必ず言いたいことをシートに書き込みます。

初対面の相手とのミーティングやプレゼンでは、相手はこちらの第一印象を見ています。

ここで第一声を堂々と放つことができれば、それだけで相手もこちらの言葉に耳を傾けてくれるようになります。その後も場面を転換する際の言い回しさえスムーズにいけば、問題なくプレゼンを進められるはずです。

それに冒頭の切り出しがうまくいけば、こちらの緊張も解けるので、あとはカンペがなくてもすらすらしゃべれるものです。話す内容の確認用というよりは、自信を持って話すためのお守り代わりとしても、場面言い回しシートが役立つでしょう。

そして忘れてはいけないのが、シートに書いたことは、事前に口に出してしゃべる練習をしておくことです。これは英語交渉シートでも、場面言い回しシートでも同じです。

紙に書いただけで安心せず、すらすら話せる自信をつけておけば、本番でもその場の雰囲気や相手の勢いにのまれることもありません。

私の場合は交渉の席に出ることが多かったので、相手に質問したいことも事前に英語で紙に書き出していました。さらに、その質問をネイティブにチェックしてもらい、正しい発声やリズムも確認して、同じように言えるまで練習しました。

だから、スピーキングがまだそれほど鍛えられていなかった時期でも、質問だけはネイティブレベルの英語を相手にぶつけることができたのです。周囲の人たちは、まさか私が一夜漬けの勉強でここに座っているとは思いもしなかったでしょう。

仕事術 02

使うことが予想される専門用語は、Ａ４一枚にまとめておく

もう一つ、事前に作っておくと役立つシートがあります。

それは「**専門用語シート**」です。

ビジネスの現場でコミュニケーションする際は、その業界や業種ならではの専門用語を知っていることが不可欠です。

「単語の勉強は必要ない」と言いましたが、それは一般的な単語の話であって、こればかりは特別に準備をしないと対応しきれません。

ですから私も、外国人とミーティングをする時は、使うことが予想される専門用語をＡ４一枚に書き出していました。

一般的な辞書に載っていない専門用語でも、専門書を手に入れたり、インターネットで検索したりすれば、必要な情報はいくらでも手に入ります。

例えば、**無料のオンライン辞書「Weblio」**（http://ejje.weblio.jp）は、かなり専門的な用語も調べられるので便利です。

調べたい単語を日本語で入力してクリックすれば、ビジネス、コンピュータ、ヘルスケア、学術など、幅広い分野に渡る七九種類の辞書・辞典から一度に検索できます。

「機械工学英和和英辞典」「ラムサール条約用語和英対訳集」「和英河川・水資源用語集」といったかなりマニアックな引用元からも情報を引っ張ってきてくれるので、たいていの専門用語はここで確認できるはずです。

私もソフトバンクで品質管理部長をしていた頃は、品質管理に関する英語の専門用語が一冊にまとまった本を購入して、そこから必要な単語をWordで打ち出していました。

「High temperature storage test／高温保存試験／一五〇度で千時間の耐性テスト」というように、「英語／日本語／意味」を紙一枚に見やすくまとめます。

いわば、**自分専用のミニミニ辞書を作る**ようなものです。

一度打ち込んだデータはパソコン内に保存しておき、また同じ専門用語が必要になったら、プリントアウトしてそれを持っていきます。

ミーティングのたびにシートを作るという完全な一夜漬けですが、その日のミーティングを乗り切るために絶対に覚えなくてはいけない単語ですから、否応なしに脳が暗記していく。

この繰り返しによってボキャブラリーは自然と増えていきました。シートがなくても使える単語が増え、事前準備もそれほど時間をかけずに済むようになったのです。

仕事術
03

冒頭で一番言いたいことをはっきり言う

交渉、会議、ミーティング、プレゼン……どんな場面でも英語を話すなら必ず心がけるべきことがあります。

それは、「一番言いたいことは冒頭で言ってしまう」ということです。

英語のスピーキング力がまだ十分ではないのですから、話が長くなればなるほど、しどろもどろになって泥沼にはまります。まだ**英語に自信がない人ほど、「いかに少ない言葉で相手に伝えるか」を考えなくてはいけません。**

であれば、「今日は最低限、これさえ言えればいい」ということを決めて、開口一番にそれを言ってしまえばいいのです。第四章で、「日本語でも結論から言う習慣をつけましょう」と話しましたが、実際に英語で話す時は、それをさらに徹底するということです。

その結論に至った背景や根拠については、必要に応じてあとから追加すればいいだけです。

先ほど例に挙げた台湾工場との交渉であれば、最初に「私はあなたたちの工場に品質管理チームを派遣することを提案します」とはっきり言ってしまえばいいということです。

これさえ言えば、少なくとも相手にこちらの問題意識が伝わります。

「どうやら自分たちの工場で造った製品に問題があって、この人はそれを解決しようとしている」と察してくれるわけです。

一方、「最近、貴社の工場に何か問題が起きていませんか？」といったあいまいな話から始めると、話がどんどん逸《そ》れてしまい、会話を自分でコントロールするのが難しくなる恐れがあります。そうなれば自分の英語力だけでは対応できない内容も当然増えていきます。まだ使える英語が身についていない人にとって、それは絶対に避けたい事態でしょう。

だからこそ、**最初に結論を言い切って、議論の主導権を握る**ことが重要なのです。そうすれば、その後の会話もその枠内で進んでいくので、あさっての方向に議論が飛んでいってしまうこともありません。結果的に、こちらが話す英語は最小限で済みます。

ある程度英語が上達すれば、まずは前置きから入るようにしてもよいと思いますが、そんな余裕はないという人が大半だと思います。自分の英語がまだつたないからこそ、「結論から簡潔に話す」を徹底するようにしましょう。

仕事術
04

ホワイトボードをフル活用する。数字は特に要注意！

ビジネスの英会話では、自分の理解が正しいかどうかを相手にこまめに確認しながら交渉や会議を進める必要があります。

聞き違いや勘違いをそのままにして話を進めると、あとで大きなトラブルやミスにつながる危険性があるからです。

確認する際は、ホワイトボードを活用することをおすすめします。

口頭で「今のはこういう意味ですか？」と聞き返しても、相手の返事をまた聞き違えたり、もっと複雑な英語で返されたら意味がないからです。

ですから、「今お聞きした内容を、私はこのように理解しています」ということを、簡単な図表やイラストで示して、「What you're saying is that ~?」（あなたが言っているのはこういうことですか？）と確認してください。

図表やイラストなら、英語力に関係なく書けるはずです。

新会社設立に当たって旧会社との関係について議論しているのであれば、四角形を二つ書き、一方に「old」、一方に「new」と書けば、「旧会社と新会社だな」とわかります。あとは矢印などで二つの関係性を表現して、「こういうことですか？」と聞けばいいだけです。

ホワイトボードのよいところは、消したり上書きしたりが容易にできることです。議論が進んで検討が深まれば、その内容をどんどん反映できます。

孫社長も常に議論の内容をホワイトボードに図で示して、その場にいる人たちと共有していました。口頭のやりとりだけで完璧な意思の疎通をはかるのは難しいことを知っていたので、間違いがあってはいけないことに関しては、必ず相手に目で見て確認してもらうようにしていたのです。

ちなみに、英語か日本語かにかかわらず、会議やブレインストーミングではホワイトボードをフル活用するのが孫社長流でした。

ソフトバンク社長室長時代、新規ビジネスの立ち上げや企業買収に際して孫社長がプレゼンする時には、たいてい私がパワーポイントの資料とスピーチ原稿を作っていました。その際も孫社長がまずはホワイトボードに向かって、「こんな事業をやりたいと思っている」といった説明を図で書くことから始まったものです。

間違えると致命的な「数字」は、必ず書いて確認する

とくに数字に関する話は、ホワイトボードで逐一確認することを強くおすすめします。英語がある程度使えるようになっても、数字を英語に換算するのはなかなか難しいものです。大きな数字になると、なおさら混乱します。

日本語では、「万」「億」「兆」と四桁ずつ単位が変わるのに、英語では三桁ごとに「thousand（千）」「million（百万）」「billion（十億）」と単位が変わります。

だから英語の数字を聞いて、パッと日本語の単位に置き換えようとしても、ややこしくて戸惑ってしまうのです。

数字は間違いやすいからこそ、絶対にホワイトボードに書いて相手に確認すべきです。

この時、必ず単位も書いてください。

「一〇〇万の出資をする」と相手が言った時、それが米ドルなのか、日本円なのかで話はまったく違ってきます。

私だったら、ここは必ずホワイトボードに「1million US$」と書いて、「出資額はこれ

でいいですか？」と確認します。

ビジネスで数字が出てくる場合、お金やコストに関わる重要なポイントであることが多く、もし間違えれば致命的なミスになります。絶対に間違いがあってはならない場面ですから、私は今でも数字については、書いて相手に確認する作業を徹底しています。

なお、数字が苦手という意識がある人は、事前に用意する英語交渉シートや場面言い回しシートにも重要な数字を書き出しておくとよいでしょう。業界によっては独特の単位を使うこともありますから、あらかじめ調べておくことが必要です。


さらに、交渉や会議の最後で、その日合意したことを箇条書きにして、相手と共有すれば万全です。もし内容に間違いがあれば、相手から訂正が入りますから、ミスを次の段階まで持ち越さずに済みます。

こうして念には念を入れることが、英語のコミュニケーションでトラブルを起こさないための秘訣です。

仕事術
05
通訳はつけない。下手でもいいので自分の英語で話す

これまでにも何度かお話ししましたが、英語での交渉や会議でも、私は基本的に通訳をつけません。

まだヒアリングやスピーキングが十分ではなかった頃から、それは一貫しています。ビジネスの場では、たとえ下手な英語でも、通訳をつけるよりは自分の口で話したほうが絶対にいいと知っているからです。

私がそれを確信したのは、やはり孫社長を見てきたからです。

孫社長がiPhoneの国内独占販売権を勝ち取ったのも、英語を話せたことが大きな要因だと思います。

当時は水面下で日本の大手通信各社がApple本社を入れ替わり立ち替わり訪れ、「自分のところでiPhoneを販売させてくれ」と頼みにいっていました。

でも、会社のトップが自ら英語を使って先方の幹部たちを説得したのは、おそらく孫社長だけだったはずです。競合の会社は、たとえトップがその場に立ち会っても、英語を話すのは通訳や部下に任せていたと聞きました。

「私は絶対に成功させる自信がある」と本人が熱意を持って話すのと、通訳が事務的に翻訳して伝えるのとでは、相手が受ける印象はまったく異なります。

もちろん、提示した条件や駆け引きのうまさなど、他にもさまざまな勝因があったと思いますが、孫社長が直接会話できたことが大きく影響したのは間違いありません。

それに、交渉や会議のように相手と密なやりとりを必要とする場では、**通訳を介すると非常に効率が悪いのです。話のスピード感や密度が、直接話す時の三分の一以下になってしまう**というのが私の実感です。

ある会議で外国人の専門家を招いてディスカッションをした時、主催者が日本の出席者側に通訳を用意したことがありました。主催者としては議論がスムーズに進むようにと気を使ってくれたのでしょうが、発言するたびに通訳をはさむというのは、話の流れがこれほど妨げられるのかとびっくりしました。

誰かが発言している時、「それはどういう意味？」「そこはもうちょっと詳しく説明して」などと突っ込みたいところが出てきても、通訳がいると勝手に口をはさみづらくなります。「ある程度話を聞いてから、まとめて通訳してもらう」という段取りを踏まなくてはいけないからです。

ところが、「あとで聞こう」と思っていても、話が先に進むと結局そのままになりがちです。一対一の話し合いならまだいいのですが、出席者が多い会議だと話がどんどん流れていってしまい、ますます自分が話すタイミングをつかみにくくなります。

あとから挙手をして質問したとしても、その人の話がいったん終わってしまった後なので、どうしてもやりとりの密度は低くなります。

「先ほどの話ですが……」「どの話ですか?」といったやりとりを、しかも通訳を介してやっているようでは、議論の熱も一気にトーンダウンしてしまいます。

結局、「あそこをもっと深く聞けたら、いい議論になったのに……」という反省点がいくつも残ってしまいました。

交渉や議論の場では、正しい質問をすることが非常に大事です。

適切なタイミングで、適切な問いをズバリと投げかけるからこそ、相手の本音や本心を引き出すことができるのです。そのためには、やはり通訳を介さず、直接コミュニケーションすることが重要です。

どうしてもプロの手を借りる必要があるのは、第二章でお話しした通り、契約書を作成する時だけです。こればかりはビジネスにおいてどんな小さなミスもあってはいけませんから、私も海外の事情に詳しく英語にも長《た》けた弁護士にお任せしています。

英語が堪能な人が交渉の時にあえて通訳をつけ、通訳が相手の話を訳しているあいだに自分がどう切り返すかを考える（通訳の話は聞き流して）、つまり時間稼ぎのためにあえて通訳を入れる、というケースもあると聞きますが、これは英語学習者である本書の読者には縁遠い世界の話でしょう。

たいていのビジネスコミュニケーションは、通訳をつけず、下手でもいいから自分の英語で話したほうが絶対にうまくいきます。

仕事術
06

スモールトークは、事前準備&オープン質問で乗り切る

「スモールトーク（雑談）は後回しにする」というのが英語学習の基本戦略です。普段からそのための勉強をする必要は一切ありません。

ただ、実際にパーティーや宴席に招かれたら、さすがにずっと黙っているわけにはいかないのも事実です。

私も当初は隅っこのほうでひとり静かにしていたので、「交渉したりクレームをつけたりする時はよく英語を話すくせに、仕事が終わった途端に無口になるなんておかしなヤツだな」と思われていたはずです。

そもそも、**どうして雑談が難しいかというと、単純に「これを英語で何と言うのか」がわからないから**です。

子どもが生まれたばかりの頃、「最近は毎日赤ちゃんの世話をしています」というところまでは話せたのですが、『スリングという道具を使ったら抱っこがラクになりました』

と言いたいけれど、〝スリング〟って英語でなんて言えばいいんだろう？」といった疑問が頭の中を渦巻いて、結局それ以上の話はできませんでした。

実は、スリングは英語でもそのまま「sling」なのですが、知らなければ口には出せないということです。

そこで私は、スモールトークも一夜漬けで乗り切ろうと考えました。

話題になりそうなテーマをいくつか予想して、必要なキーワードだけでも調べて暗記するようにしたのです。

パーティーなどの雑談では、家族のことや休日の過ごし方などをよく聞かれたので、少なくとも自分の近況くらいは話せるように準備をしました。

例えば、自分の近況として子育てについて話したいなら、「baby」に関連して自分が話したいことや他の人に聞かれそうなことを連想し、シートに書き出します。

あとは、それを英語でなんと言うのかを確認するだけです。

「うちの子は母乳を飲んでいます」と言いたいなら、「母乳」という単語を確認し、「忙しい時は粉ミルクを使います」と言いたいなら、「粉ミルク」の単語を確認します。

そして、「母乳＝breast milk」、「粉ミルク＝powdered milk」などと書き出して、それだけは暗記をしておきます。カギになる単語さえ知っていれば、あとは中学レベルの文法でも会話はできます。

話す相手があらかじめわかっている場合は、その人が興味のある話題を予想して、関連する単語を調べておくといいでしょう。

相手がゴルフ好きならゴルフに関連する単語を、サッカー好きならサッカーに関する単語を調べて、シートにまとめておきます。

接待で外国の人をお店に案内する時などは、出されるメニューをあらかじめ調べておいて、料理や素材について説明できるように準備をしておきます。

和食のお店に連れていくのであれば、予約する時にお店の人に当日のメニューを確認して、「鯛は『sea bream』で、あわびの酒蒸しは『abalone steamed in sake』だな」などと覚えておけば、スマートにメニューの紹介ができます。

話題に出そうなことを予想し、そのために必要な単語を一夜漬けする。その場の数時間を乗り切ればいいのですから、スモールトークについても「超目的思考」でいきましょう。

でも、もし準備してきた会話のネタが尽きてしまったら？

そんな時は、**自分が話すのはあきらめて、相手にとにかくしゃべってもらう**ようにします。

そのためには、「What」で始まる質問をするのがコツです。

「和食では何が好きなの？」

「スポーツは何が好きなの？」

こうした質問を一つぶつければ、相手がいろいろと話を膨らませてくれます。要するに、相手が自由に話せるようなオープン・クエスチョンを投げかければいいのです。あとは「Really?（本当？）」「And?（それで？）」といった簡単なあいづちを打って話を促すだけで、相手がしゃべってくれるはずです。

逆に、「Yes／No」で答えられるクローズド・クエスチョンを投げてしまうと、相手が「うん、そうだよ」と言えば会話が終わってしまいます。

雑談では「What」で始まる質問をしつこく繰り返して、その場をなんとか乗り切ってください。

仕事術
07

自己紹介の「持ちネタ」を考える時の二つのポイント

仕事の後のパーティーや宴席で繰り広げられるスモールトークは、「自分がどんな人間か」という自己紹介も兼ねています。

だから雑談では、家族のことや休日の過ごし方がよく話題になるのです。

そこで私は、せっかくなら自分を相手に印象づけられるような自己紹介を用意しようと考えました。要するに「持ちネタ」を作ったわけです。

まず私が考えたのは、**「こいつは普通の日本人とはちょっと違うな」と思ってもらえるような話がしたい**ということでした。

パーティーの席とはいえ、話すのは一緒にビジネスをする相手や関係者です。だったら「つまらないヤツだな」と思われるよりも、「面白いヤツだな」と思ってもらったほうが断然いいでしょう。

というわけで、人とは違うエピソードはないかと考え、ある持ちネタを作りました。

それが「イタリアでオリーブの収穫をしたことがある」というネタです。

二十代の頃、妻がオリーブオイルで作る石けんに興味を持ち、それをビジネスにできないかと考えていました。

それで「オリーブオイルの本場に行って、材料の収穫から体験してみようよ」ということになり、半年ほどイタリア語も勉強して、現地へ出発しました。

そして、イタリアのとある村の畑でオリーブを収穫させてもらったのです。

最終的には、二週間で二〇〇キロという大量のオリーブを収穫できました。言っておきますが、機械は一切使わず、すべて手摘みです。

二〇〇キロのオリーブからは、二〇リットルのオリーブオイルが搾れます。これはイタリアの四人家族が一年間暮らせるほどの量です。

こうして、夫婦で大量のオリーブオイルを作って日本に帰ってきました……

という持ちネタを、雑談の中でよく話すようになったのです。

聞いた人は「なんで日本人がイタリアでオリーブの収穫？」と思うわけですが、「わけのわからない日本人だな」と思ってもらえれば私としては大成功。次に会った時も、その人は私のことを〝オリーブの日本人〟として覚えていてくれるからです。

家族を大事にしているエピソードは外国人ウケがいい

もう一つ、この持ちネタのよいところは、家族を大事にしていることや家族の仲の良さが伝わるエピソードだということです。

とくに欧米では、家族を大事にしない人間はかなり悪い印象を持たれます。日本では、家族との時間を犠牲にしてまで仕事に打ち込む人がほめられることもありますが、欧米では「ダメな人間」と思われる可能性が高いので注意が必要です。

ただし、家族の話題でも自慢げに聞こえることは避けましょう。「休日は必ず子どもとサッカーをして遊んでいます」とか、「娘と一緒に料理をするのが一番の楽しみです」といったことでいいのです。さり気なく家族とのつながりを伝えるようなネタをいくつか用意しておきましょう。

ところで、「外国人との会話では、ジョークの一つも言えないと、それこそつまらない人間だと言われてしまう」という人がいますが、本当でしょうか。

もちろん気の利いたジョークを言えるに越したことはないでしょうが、一夜漬けでスモールトークを乗り切ろうとしているレベルの人間には、あまりにもハードルが高すぎます。

少なくとも私には、そんなユーモアセンスを磨く時間も余裕も、身につける自信もありませんでした。そんなわけで、ジョークを言うことは最初からあきらめました。無理に何か言って、すべってしまうほうが恐ろしいからです。

面白いことが言えなくても、「真面目でいい人だな」と思ってもらえればそれでいい。そう割り切りました。「調子のいいことばかり言って、何だか信用できないな」と思われるよりはずっといいからです。

それにもともと日本人は、外国人から真面目な国民性だと思われています。うまくジョークを言えなくても、「日本人だしね」と納得してくれることが多いものです。

無駄なことに労力は使わない。これが「超目的思考」です。

だから、ジョークはきっぱり捨ててしまいましょう。それでも持ちネタさえ作っておけば、スモールトークも怖くはありません。

おわりに

英語教育の専門家ではない私が、英語勉強法の本を書いた理由

私のこれまでの仕事人生を振り返ると、それは「プロジェクト」というものにすべてを懸けてきた人生だったと言えます。

新卒で入社した三菱地所では、「丸の内活性化プロジェクト」を手がけました。

当時の丸の内はバブル崩壊後の不況で企業の撤退が相次ぎ、シャッター通りになりかけていました。

そこで私は誰に頼まれたわけでもないのに、丸の内を元気にするためのビジョンを社長にプレゼンし、予算をつけてもらってプロジェクトを立ち上げました。そして、テナントを借りて「丸の内カフェ」を作り、そこをフラッグシップとして丸の内全体をおしゃれで明るい街にしていくプランを進めていったのです。

当時の停滞ムードが信じられないくらい活気ある街に生まれ変わった現在の丸の内を見

ると、感無量の思いがあります。

ソフトバンクに転職してからは、孫社長の下でさまざまなプロジェクトを立ち上げました。マイクロソフトとのジョイントベンチャーで中古車自動車情報サービスを扱う「カーポイント（現・カービュー）」を立ち上げたり、アメリカのナスダック市場と提携して証券取引所の「ナスダック・ジャパン」を開設したり。その後も、日本債券信用銀行（現・あおぞら銀行）の買収や、ADSL事業「Yahoo! BB」の立ち上げなど、ビッグプロジェクトが続きました。

「Yahoo! BB」のサービス開始後に、モデムに不具合があるというクレームが多く寄せられるようになると、孫社長から「三木君、品質管理をやって」と言われ、品質管理部長を務めることになりました。第五章でご紹介した台湾工場とのやりとりのような、問題解決型のプロジェクトを日々進めていく立場になったのです。

政府機関のプロジェクトからも声がかかるように

こんなふうに、社内で何かしらの問題解決が必要になると、なぜか私のところへボールが飛んできました。私に求められたのは、問題が泥沼化してめちゃくちゃになったところをきれいにする掃除屋さんみたいな役割だったわけです。

当時は大変でしたが、今思えば、私が積み重ねてきたプロジェクトマネジメントの実績を周囲も評価し、頼りにしてくれたのだと思います。


それが外部にも伝わったらしく、二〇〇八年に厚生労働省が立ち上げた年金記録問題作業委員会の委員に招かれることになりました。

社会保険庁（現・日本年金機構）が統合を進めていた年金番号の記録漏れが明らかになり、「消えた年金」として社会問題になったのを覚えている人も多いでしょう。

年金記録問題作業委員会は、この問題を解決するための一大プロジェクトでした。

そもそも社会保険庁は、この問題解決のために、年金加入者全員に「ねんきん特別便」を送付し、記録に間違いがないかを確認してもらうつもりでした。ところが、社会保険庁はそれほど大量の書類を処理したことがなかったため、作業が遅れに遅れ、五〇〇万件もの書類が未処理のままになっていたのです。

この時、委員に選ばれたメンバーは、私のほかはすべて官僚の方たちでした。民間から呼ばれたのは私一人です。

当時の厚生労働大臣だった舛添要一氏が、「システムを活用したオペレーションに詳しくて、問題解決が得意な人間はいないか？」と周囲に相談したところ、それを耳にしたソフトバンク出身の人物が「だったら三木がいいんじゃないか」と推薦したと聞いています。

依頼を受けた私は、ソフトバンクで数々の問題解決型プロジェクトを進めてきた経験をもとに行動を開始しました。

業務処理を行っていた社会保険庁事務所と業務センターに出向き、現状を把握するためにヒアリングをして、作業が非効率化している原因を突き止めました。そしてＦＡＸでやりとりしていた作業をデータベース化して業務を効率化したり、工程管理を徹底するための仕組みづくりをしたりと奔走しました。

その結果、約一年で業務効率を四倍に高めることができたのです。

すべての処理を終えるまでに、九億五〇〇〇万枚ある紙台帳をチェックするという、おそらく人類史上で最も多く紙を扱ったであろうプロジェクトでしたが、なんとか作業を終えるまでの目処をつけることができました。

政府関係の仕事に時間をとられるのは正直きつい面もあるのですが、私でお役に立てるのであれば、今後もできるかぎりお引き受けするつもりです。なぜなら、プロジェクトに携わることは私のライフワークだからです（二〇〇六年に立ち上げた自分の会社の名前も、「ジャパン・フラッグシップ・プロジェクト」としました。日本が抱えるさまざまな問題をプロジェクトで解決していきたい、という思いを込めています）。

プロジェクトマネジメントの手法が英語学習にも活かされた

私は英語教育の専門家ではなく、あくまで一介のビジネスパーソンでしかありません。なのに、どうして私が英語勉強法の本を書こうと思ったか。

それは、「英語学習もプロジェクトである」と思ったからです。

どんなプロジェクトにも、「目的＝何のためにやるか」「納期＝いつまでにやるか」「コスト＝どのくらいの予算、人員などをかけられるか」の三つの条件があります。

そして、納期までに目的を達成するために、限られた資源（予算や人員）をやりくりしていくのが「プロジェクトマネジメント」です。

「はじめに」にも書きましたが、私は知力も体力も気力も人並みの凡人です。孫社長のような天才と接してきましたから、そのことは身に染みてよくわかっています。

ただ一つ誰にも負けない自信があるのは、プロジェクトマネジメントです。

そして、その手法や考え方を英語学習に応用したからこそ、孫社長の下で毎日忙しく働きながらでも一年で使える英語をマスターできたのです。

プロジェクトマネジメントのスキルは、一握りの天才や強靭な意志の持ち主でなければ実践できないことではありません。しかし、それを英語学習に活かしている人はほとんどいない。

それならば、自分の経験をベースに、プロジェクトマネジメントの手法や考え方を活かした英語学習法を紹介すれば、勉強時間を十分に取れないなかで、しかも短期間で英語をマスターしなければいけない社会人の方々のお役に立てるかもしれない——。

そう考えたことがきっかけで、この本が生まれました。

本書を書くにあたっては、学術的な理論や実験データなどもできるだけ示すようにしました。

私個人の経験だけでは心もとないことも、客観的な裏付けがあれば、読者の皆さんにこの学習法の効果をより納得していただけるのではないかと考えたからです。

また今回、スマートフォンの英語学習アプリ、スカイプを使った英会話レッスンなど、私自身が勉強した当時にはなかったものをできるかぎり自分で試すようにしました。ですので、本書でご紹介した学習法は今でもベストのものであると確信を持って言えます。

繰り返しになりますが、どんなに忙しい社会人でも、やり方を間違えなければ、わずか一年の勉強で「使える英語」を必ずマスターすることができます。「仕事が忙しくて英語の勉強をする時間がない」という人にこそ、本書を読んでいただきたいと思います。

英語を使えるようになったことで、私の人生にはさまざまなチャンスが舞い込むようになりました。

皆さんもぜひ、**一年間の英語学習プロジェクトを通して「英語を使える自分」に出会ってください。**

そして、ご自身の人生の可能性を大きく広げてください。

この本がそのお役に立てるなら、こんなに嬉しいことはありません。

二〇一四年十月

三木雄信

新書版あとがき

本当に英語は1年でマスターできた！

『海外経験ゼロでも仕事が忙しくても「英語は1年」でマスターできる』の出版から丸二年が経ちました。

多くの人がこの本を読んでくださり、私も大変嬉しく思っています。これまで英語学習に挫折してきた人たちを救うことができたのなら、これ以上の喜びはありません。

実はこの本を出版した後、意外な展開がありました。

ある日、誰もがその名前を知る大手金融機関の部長さんが私を訪ねてきたのです。手には『「英語は1年」でマスターできる』を握りしめていました。

そして、こんなことを言ったのです。

「この本に書いてある通りに、私に英語学習を指導してください！」

突然の申し出に驚いたものの、あまりに熱心に頼まれるので事情を聞いてみると、「できるだけ早く英語を仕事で使えるようになりたい」とのこと。

その部長さんは英語の読み書きはそれなりにできるものの、いざ外国人とコミュニケーションする場面になるとヒアリングもスピーキングもまったく通用せず、会話が成り立たないと言います。

それなのに、仕事で海外とやりとりする機会は増える一方。しかも、自分の上司も部下も取引先も、英語が話せる人ばかりです。さらに最近では、新入社員でさえもそれなりに英語ができる。

「このままでは、会社に自分の居場所がなくなってしまう……」

そんな切迫した思いで書店に英語学習の教材を探しに行ったところ、たまたま私の本に出会い、「これだ！」と直感したそうです。

孫社長のもとで「英語を話せるようにならないとクビになる」という危機感を味わった私には、部長さんの焦りがよくわかりました。

幸い私の会社では英会話教室の運営も手がけているので、英語を教えるノウハウがあり、社内には英語学習のトレーナーもいます。

そこで、部長さんの依頼に応じることにしました。

この本の内容通りの英語学習プログラムに三〇〇人の受講生が殺到

そこからやったことは、まさにこの本に書いた通りです。

「自分に必要な英語は何か」を明確にし、ゴール設定をして、一年で一〇〇〇時間の英語学習ができるスケジューリングを組み、スピーキングとヒアリングを集中的に鍛える。

トレーナーのサポートを受けながら、本の内容に沿って学習を続けたところ、部長さんの英語はみるみる上達。ヴァーサントのスコアもどんどん伸びていきました。

その急速な上達ぶりを見ていて、私は「本の内容通りに指導を受けたい」と考える人が他にもたくさんいるのではないか、と考えるようになりました。

そして二〇一五年六月に、英語を一年でマスターするための個人向け完全サポートプログラム『TORAIZ』（トライズ）を始めたのです（本格的なスタートは同年十月から）。

すぐに予想を上回る数の受講希望者が殺到し、私はこのサービスには大きなニーズがあることを確信しました。

受講者の職業や年齢はさまざまですが、やはり中心はビジネスパーソンです。

「日本企業で働いてきて、これまでは英語を使う機会などなかったのに、会社が海外に進出したり、海外の企業を買収したりして、日常の仕事で急に英語を使わざるをえなくなってしまった」

「個人向けのサービス業に従事しているが、インバウンドで海外からのお客が増え、日本語だけでは対応できなくなった」

「TOEICスコアが昇進条件になっているので、これまでTOEIC対策の勉強はしてきた。そのため、社内でもそれなりに英語ができる人材という評価を受けてきた。ところが、最近になって、実際に仕事で英語を使う機会が急増。ネイティブの生の英語にまったくついていけず、『TOEICスコアのわりに話せない』ことが露呈してしまい、今かなり焦っている」

そんな人が数多くいました。

今まで国内の仕事は日本語だけで完結していたのに、気づいたら同じテーブルに外国人が座るようになっていた――。

そんな変化が日本のあちこちで急速に起こっているのです。

日本国内で働いていても、もはや英語が話せなくては業務が成り立たない。いまやそんな時代に突入したのだと、私自身も改めて実感しました。

こうした時代のニーズを受け、二〇一六年十一月現在の受講者数は三〇〇人超まで増えました。

カウンセリングやグループレッスンを受ける学習センターも、東京・赤坂、新宿、千葉・新浦安、大阪・堂島に開設。さらに、十二月には東京・田町にも新たな学習センターをオープン予定で、来年も複数の教室を開く準備を進めています。

一年間の海外留学よりも高い英語力が国内で身につく

では、サービス開始から一年が経った今、受講生たちは本当に英語をマスターできたのか。

答えはイエスです。

あの部長さんは、いまや一人で海外出張をこなし、英語でのプレゼンやカンファレンスの進行役も務められるまでになりました。一年前は、ネイティブに話しかけられてもまったく会話できなかった人物とは思えないほどです。

また、日本の航空会社でパイロットをしていた受講生は、より高い英会話力を身につけて、外資系エアラインへ転職を果たしました。いまはその導入研修でまさにアメリカに出張に行っているところです。

他にも、仕事でステップアップを果たしたり、英語を使う仕事を任されるようになったりした受講生が大勢います。


一年間このプログラムを受講した人たちは、ヴァーサントの平均スコアが四十五点から五十点に到達しています。

四十五点は、英語圏で日常生活を送るのに不自由がないレベル、五十点はネイティブの仕事相手と自由に会話できるレベルです。

五十点というのは、海外留学した人でも一年間ではなかなか到達できないスコアです。英語圏の大学院に二年間留学すれば、何とか到達するかどうかという非常に高いレベルなのです。

つまり、海外に一年間留学するより、『「英語は1年」でマスターできる』の内容に沿って一年間学習したほうが、英語力はアップするということです。

本書でも述べた通り、いくら大量の英語を聞き流しても、聞き取れるようにはなりません。「今聞いている音は、このスペルを表しているのだ」といったように、英語の音とスペルをひもづけて初めて、相手が何を言っているかわかるようになるのです。

この点さえしっかり実践すれば、何も海外留学をする必要はありません。

まさに〝海外経験ゼロでも〟英語はマスターできるのです。

仕事の忙しさも学歴も年齢も関係なし

この本を出版した時、「そうは言っても、忙しい社会人が一年で一〇〇〇時間勉強するのは難しいのでは?」と何度か聞かれました。

「三木さんだからできたのであって、他の人が同じことをするのは難しいのではないか」とも言われました。

でも、『TORAIZ』の受講生たちは、かつての私と同じように「一日約三時間」の学習をこなしています。

通勤時間を使えば、往復で一時間半程度の学習時間は確保できます。あとは出勤前や仕事が終わってからの時間を使って一時間ほど自宅で学習すれば、これだけで毎日二時間半くらいの学習が可能です。

あとは、週二回のスカイプを使ったネイティブ講師との会話レッスンを三十分ずつ、週一回のグループレッスンを一時間こなし、そのための予習や復習は昼休みを使って三十分程度やれば、目標とする「一日約三時間」を達成できるわけです。

ヒアリングの教材には、やはりかつての私と同様、映画やドラマなどの映像作品を使っています。これがリアルな英会話を学ぶには最適だからです。

一般的な英語のヒアリング教材は、アナウンサーのように正確でゆっくりとした発音が収録されています。

しかし、実際に外国人と会話する時、相手が話すのはもっとラフで早口の英語です。とくに議論や交渉の場では、自分の意見を主張するために誰もが勢いよく話すので、アナウンサーの英語に慣れた耳では到底ついていけません。

その点、映画ならネイティブが日常的に交わしている会話のスピード感やくだけた表現をそのまま学ぶことができます。「使える英語」を身につけたいなら、これ以上の教材はありません。

「三木さんは学生時代に英語の基礎力をきちんと身につけていたから、大人になってからでも使える英語が身についたのでは？」

そう言われることもよくあります。

しかし、『TORAIZ』の受講生には、学生時代に英語が大の苦手だったという人が少なくありません。なかには、勉強そのものが苦手で大学受験をあきらめたという人もいます。

そんな人でも、見事に一年間で英語をマスターしています。

ある受講生は高校卒業後に飲食業で起業し、「今後は海外にも出店したい」という理由で『TORAIZ』を受講することになりましたが、最初は中学英語の学び直しから始めなければいけませんでした。しかし一年もたたないうちに、英語で堂々とプレゼンやスピーチができるレベルにまで成長しました。

年齢も関係ありません。

最初の生徒になった部長さんは五十代ですが、ヴァーサントのスコアが伸びる速さは、二十代や三十代の受講生に決して負けていませんでした。

仕事が忙しくても、もともと英語が苦手でも、何歳であっても、英語は一年でマスターできる——。

私が自らの体験を通して「そうに違いない」と思ったことが、多くの受講生たちによって実際に証明されたのです。そして、その実証例は日に日に増えていっています。

今回の新書版の出版を機に、また多くの人が英語を最短最速で身につける手助けができたら、これほど嬉しいことはありません。

今の時代、英語を身につければ人生は大きく変わります。

この本を手に取ってくださった皆さんが、英語を使ってやりたいことを実現し、自分の夢を叶えてくれることを願ってやみません。

三木雄信

二〇一六年十一月

PHP
Business Shinsho

三木雄信（みき・たけのぶ）
1972年、福岡県生まれ。東京大学経済学部経営学科卒。三菱地所㈱を経てソフトバンク㈱に入社。27歳で同社社長室長に就任。孫正義氏のもとで「ナスダック・ジャパン市場開設」「日本債券信用銀行（現・あおぞら銀行）の買収案件」「Yahoo! BB事業」などにプロジェクトマネージャーとして関わる。
英会話は大の苦手だったが、ソフトバンク入社後に猛勉強。仕事に必要な英語だけを集中的に学習する独自のやり方で、「通訳なしで交渉ができるレベル」の英語をわずか1年でマスター。
2006年にはジャパン・フラッグシップ・プロジェクト㈱を設立し、同社代表取締役社長に就任。同年、子会社のトライオン㈱を設立し、2013年に英会話スクール事業に進出。2015年には1年で英語をマスターできる“One Year English”プログラム『TORAIZ』（トライズ）を開始し、日本の英語教育を抜本的に変えていくことを目指している。

PHPビジネス新書 367

【新書版】
海外経験ゼロでも仕事が忙しくても
「英語は1年」でマスターできる

2017年1月6日 第1版第1刷発行
2017年3月14日 第1版第4刷発行

著 者 三 木 雄 信
発 行 者 岡 修 平
発 行 所 株式会社ＰＨＰ研究所
東京本部 〒135-8137 江東区豊洲5-6-52
ビジネス出版部 ☎03-3520-9619(編集)
普及一部 ☎03-3520-9630(販売)
京都本部 〒601-8411 京都市南区西九条北ノ内町11
PHP INTERFACE http://www.php.co.jp/
装 幀 齋藤稔(株式会社ジーラム)
組 版 朝日メディアインターナショナル株式会社
印 刷 所 共同印刷株式会社
製 本 所 東京美術紙工協業組合

ISBN978-4-569-83284-5

「ＰＨＰビジネス新書」発刊にあたって

わからないことがあったら「インターネット」で何でも一発で調べられる時代。本という形でビジネスの知識を提供することに何の意味があるのか……その一つの答えとして「**血の通った実務書**」というコンセプトを提案させていただくのが本シリーズです。

経営知識やスキルといった、誰が語っても同じに思えるものでも、ビジネス界の第一線で活躍する人の語る言葉には、独特の迫力があります。そんな、「**現場を知る人が本音で語る**」知識を、ビジネスのあらゆる分野においてご提供していきたいと思っております。

本シリーズのシンボルマークは、理屈よりも実用性を重んじた古代ローマ人のイメージです。彼らが残した知識のように、本書の内容が永きにわたって皆様のビジネスのお役に立ち続けることを願っております。

二〇〇六年四月

ＰＨＰ研究所

PHPビジネス新書

メタ思考トレーニング

発想力が飛躍的にアップする34問

細谷 功 著

ベストセラー『地頭力を鍛える』の著者が独自に開発した思考トレーニング問題を、厳選して紹介。楽しく解くだけで、頭がよくなる一冊。

定価 本体八七〇円（税別）

PHPビジネス新書

情報を活かす力

池上 彰 著

新聞・雑誌・書籍は何をどう読むか？ インターネットで情報を集めるときの注意点は？ 〝池上流〟情報収集・整理・解釈・発信術を大公開！

定価 本体八五〇円（税別）

PHPビジネス新書

大人はもっと遊びなさい

仕事と人生を変えるオフタイムの過ごし方

成毛　眞　著

プロフェッショナルになってはいけない!?「真面目に働く人ほど遊んだほうがいい」と説く著者の真意とは。成毛眞流遊びのすすめ。

定価　本体八五〇円（税別）

PHPビジネス新書

孫正義社長に学んだ「10倍速」目標達成術

［新書版］夢を「10倍速」で実現する方法

三木雄信　著

ソフトバンク社長室長として長年孫正義氏と間近で接した著者が、自らも実践して成功を収めた「孫正義流・スピード目標達成術」を開陳。

定価　本体八七〇円（税別）